京津冀协同发展背景下公共服务均等化问题研究

——基于劳动力迁移视角

塔　娜◎著

中国财经出版传媒集团

经济科学出版社

Economic Science Press

图书在版编目（CIP）数据

京津冀协同发展背景下公共服务均等化问题研究：
基于劳动力迁移视角/塔娜著 . -- 北京：经济科学出
版社，2023.8
ISBN 978 - 7 - 5218 - 4941 - 7

Ⅰ.①京… Ⅱ.①塔… Ⅲ.①劳动力转移 - 研究 - 华
北地区 Ⅳ.①F323.6

中国国家版本馆 CIP 数据核字（2023）第 131034 号

责任编辑：周国强 黄双蓉
责任校对：杨 海
责任印制：张佳裕

京津冀协同发展背景下公共服务均等化问题研究
——基于劳动力迁移视角
塔 娜 著

经济科学出版社出版、发行 新华书店经销
社址：北京市海淀区阜成路甲 28 号 邮编：100142
总编部电话：010 - 88191217 发行部电话：010 - 88191522
网址：www. esp. com. cn
电子邮箱：esp@ esp. com. cn
天猫网店：经济科学出版社旗舰店
网址：http：//jjkxcbs. tmall. com
固安华明印业有限公司印装
710 × 1000 16 开 13.75 印张 200000 字
2023 年 8 月第 1 版 2023 年 8 月第 1 次印刷
ISBN 978 - 7 - 5218 - 4941 - 7 定价：68.00 元
（图书出现印装问题，本社负责调换。电话：010 - 88191545）
（版权所有 侵权必究 打击盗版 举报热线：010 - 88191661
QQ：2242791300 营销中心电话：010 - 88191537
电子邮箱：dbts@ esp. com. cn）

前　言

　　改革开放以来，伴随着城镇化的不断推进，北京因城市人口快速增长而引发了系列城市拥挤问题，并不断加重城市公共服务供给压力。对于北京而言，人口过快增长导致人口总量已接近城市承载上限，并带来了一系列诸如交通拥堵、环境污染、水资源紧张等"大城市病"。同时，河北地区却出现了所谓的"环京津贫困带"，与北京、天津的拥堵形成了鲜明对照。为推动城市人口集聚与城际劳动力转移的协同有序发展，相较于简易的约束规范而言，公共服务均等化是疏解北京非首都功能，实现京津冀协同发展和劳动力均衡分布的重要手段。但是，我国目前公共服务非均等化现象还比较明显，京津冀特别是河北省内部非均等化特点还有扩大的趋势，弱化了劳动力迁移的经济红利与社会效益。因此，为突破人口过度集聚与持续外流的城市发展瓶颈，亟须立足于我国公共服务供给与劳动力迁移现状，厘清京津冀的公共服务对劳动力迁移的影响，以期为京津冀公共服务均等化发展提供合理对策和建议。

本书以公共服务均等化与劳动力迁移为切入点，结合西方发达国家推动公共服务均等化的实践和经验，深入分析公共服务对劳动力迁移的作用机制，实证研究京津冀协同发展背景下公共服务对劳动力迁移的影响，进而提出京津冀公共服务均等化的发展策略，为完善配套基础设施建设与疏解中心城区人口提供决策支持。

首先，本书分析了我国公共服务的功能定位及发展历程，通过明确公共服务的社会公正、成果共享、人的尊严及公共服务均等化的价值定位，结合均等化的公共服务供给目标，总结了我国公共服务的基础性、公益性、均等性原则，进而探究了区域失衡到区域均衡发展、政府缺位到政府归位的公共服务演化历程。

其次，为量化分析京津冀区域的公共服务均等化水平，本书构建了京津冀公共服务水平测量指标体系，结合熵权法与 Theil 指数探究了京津冀区域公共服务水平的变化趋势。研究发现，京津冀总体公共服务水平变化不大，但区域间的差异较大，且在不断变化。其中，河北省在教育服务、文化服务、卫生服务、信息化服务水平四个软环境方面远远落后于北京市和天津市，河北省的优势在于硬件设施方面，如基础设施服务水平和生态环境服务水平。

另外，为深入探究公共服务对劳动力迁移城市选择的作用机制，厘清公共服务和劳动力迁移之间的作用机制，测算不同公共服务内容对劳动力迁移的影响程度是实现劳动力合理流动的重要举措。本书立足于劳动力迁移的经济因素动机与非经济因素动机，研究了公共服务供给影响劳动力迁移过程中的"用脚投票"机制与消费偏好。并在劳动力迁移中公共服务供需变化的基础上，探究公共服务和劳动力迁移之间的耦合机理，深入分析"公共服务消费效用→迁移收益成本比较→迁移决定→城市人口变动→公共服务需求变化→

公共服务供给变化"的闭环逻辑，为实证分析提供坚实的理论支持。

再次，为量化分析公共服务对劳动力迁移的影响，本书以劳动力城市流向为被解释变量，以公共服务供给与城市特征为解释变量，通过构建面向城市公共服务的条件 Logit 模型，实证检验了流动劳动力中的"用脚投票"机制。基于回归结果，发现京津冀区域城际间的公共服务水平差异影响了劳动力的空间流动，从而导致资源配置失效，区域发展差距扩大，社会福利降低。此外，通过设置流动劳动力年龄、性别、婚姻状况、文化水平、流动性水平等个体特征与城市特征的交叉变量，深入分析了城市公共服务影响流动劳动力迁移决策的个体异质性。并基于计划生育时代性和工资收入边际效用递减理论等，拓展分析了公共服务及薪资水平对流动决策的影响。

最后，本书从公共服务均等化的公平与效率机制、均等化体系构建、均等化制度设计及均等化政策选择四个方面提出促进京津冀公共服务均等化的政策建议，从而推动周边城市公共服务水平建设的弯道超车，实现京津冀区域城际公共服务均等化的目标，为京津冀公共服务供给及均等化发展的政府决策提供支持与借鉴。

目　　录

| 第 1 章 | **导论** / 1

1.1　研究背景和研究意义 / 1

1.2　文献综述 / 4

1.3　核心概念界定 / 11

1.4　研究内容和研究方法 / 16

1.5　主要创新 / 22

| 第 2 章 | **理论工具与分析视野** / 23

2.1　公共服务均等化的理论基础 / 23

2.2　基于劳动力迁移的分析视野 / 29

| 第 3 章 | **我国公共服务的功能定位及发展历程** / 35

3.1　我国公共服务的功能定位 / 35

3.2　我国公共服务的发展历程 / 38

3.3 本章小结 / 42

| 第4章 | 京津冀协同发展背景下公共服务水平测度分析 / 44

4.1 京津冀协同发展现状分析 / 45

4.2 京津冀公共服务水平测度指标体系构建 / 46

4.3 基于熵权 TOPSIS 法的京津冀公共服务水平测量 / 51

4.4 基于泰尔指数的京津冀区域公共服务水平测度 / 56

4.5 京津冀公共服务水平非均等化原因分析 / 74

4.6 本章总结 / 81

| 第5章 | 公共服务均等化的国际经验借鉴 / 84

5.1 国外公共服务均等化的实践分析 / 85

5.2 国外公共服务均等化的经验借鉴 / 91

5.3 本章小结 / 94

| 第6章 | 公共服务对劳动力迁移的作用机制分析 / 95

6.1 劳动力迁移动机 / 95

6.2 公共服务供给对劳动力迁移的影响机制 / 100

6.3 劳动力迁移中公共服务供需变化的机理分析 / 104

6.4 京津冀公共服务对劳动力迁移的作用过程 / 111

6.5 本章小结 / 116

| 第7章 | 京津冀协同发展背景下公共服务影响劳动力迁移的
实证分析 / 118

7.1 面向公共服务的条件 Logit 模型构建 / 118

7.2　流动劳动力及城市特征的数据来源和参数标定 ／ 120

7.3　京津冀公共服务影响劳动力迁移的回归分析 ／ 126

7.4　京津冀公共服务影响劳动力迁移的稳健性检验 ／ 132

7.5　京津冀公共服务影响劳动力迁移的个体异质性分析 ／ 136

7.6　京津冀公共服务影响劳动力迁移的拓展分析 ／ 148

7.7　本章小结 ／ 154

| 第 8 章 |　**京津冀公共服务均等化策略分析** ／ 160

8.1　公共服务均等化的公平与效率机制 ／ 161

8.2　京津冀公共服务均等化体系构建 ／ 169

8.3　京津冀公共服务均等化政策选择 ／ 177

8.4　京津冀公共服务均等化制度保障 ／ 181

8.5　本章小结 ／ 190

| 第 9 章 |　**总结与展望** ／ 192

参考文献 ／ 195

后记 ／ 209

第 1 章

导　　论

1.1　研究背景和研究意义

1.1.1　研究背景

改革开放以来，伴随着城镇化的不断推进，北京因城市人口快速增长而引发了一系列城市拥挤问题，并不断加重城市公共服务供给压力。根据北京市统计局数据显示，截至 2017 年，北京市常住人口达到 2173 万，城镇化率超过 86.5%。根据国际经验，当城镇化水平达到 80% 以上、城镇化进程处于稳定状态时，城镇化问题的焦点将转变为人口在城区与郊区之间、大城市与中小城市之间的集中与分散（张占斌，2013）。对于北京而言，人口过快增长导致人口总量已接近城市承载上限（文魁，2013），并带来了一系列诸如交通拥堵、环境污染、水资源紧张等"大城市病"（赵弘，2013）。同时，河北地区却出现了所谓的"环京津贫困带"（钟茂初、潘丽青，2007），与北京、天津的拥堵形成了鲜明对照。鉴于此，2015年中共中央、国务院印发的《京津冀协同发展规划纲要》、北京市出台的协同发展细则都明确提出疏解首都人口，到2020年将北京常住人口规模控制在2300万。因此，首都人口疏解，即将劳动力向北京郊区或者津冀等省份转移，关乎京津冀一体化和首都"大城市病"的治理。

纵观北京现有人口疏解采用的方式，主要有产业调控、资源调节、城市改造、建设副中心等，虽然从数量上较好地控制了北京常住人口增长趋势并带动中心城区人口减少，但是并没有从根本上改变人口往中心城区迁移的意愿，特别是疏解"低端人口"的政策引起了不小争议（李稻葵，2017）。其核心原因在于北京的教育、医疗卫生、文化、公共交通等优质公共服务资源大多聚集在中心城区（赵秀池，2011；陈丰，2012；杜旻，2013；李晓霞，2014；李拓，2015），导致"中心城区—郊区"之间的公共服务资源存在较大不均衡。公共服务资源在中心城区的聚集从两个方面影响着人口的空间集聚：一方面，为了追求优质的教育、医疗等资源，劳动力会选择在中心城区定居；另一方面，这些优质公共资源的提供单位，例如高校、医院、机关事业单位，本身就承载着大量的劳动力就业。如果对比京津冀三地公共服务资源，则地区间差距更大（鲁继通，2015；马慧强等，2016；高雪莲，2015）。

为推动城市人口集聚与城际劳动力转移的协同有序发展，一方面需要有效发挥大城市所具备的集聚效应，使得居民可均等享有大城市的发展机遇，另一方面还需要减少大城市的负载，应当区分劳动力迁移的动力。相较于简易的约束规范而言，公共服务的均等化可以更好地应对所存在的聚集现象

（夏怡然、陆铭，2015）。但是，我国目前公共服务非均等化现象还比较明显，京津冀特别是河北省内部的非均等化特点还有扩大的趋势，弱化了劳动力迁移的经济红利与社会效益。为突破人口过度集聚与持续外流的城市发展瓶颈，亟须立足于我国公共服务供给与劳动力迁移现状，深入探究京津冀的公共服务对劳动力迁移的影响，以期为京津冀公共服务均等化发展提供合理对策建议。

基于上述背景，本书结合公共服务的基本理论，阐述公共服务的功能定位和发展目标，以京津冀城市群为研究对象，以劳动者迁移为切入点，测度城市群协同发展背景下京津冀各城市间公共服务水平和差异度，结合西方发达国家推动公共服务均等化的实践和经验，深入分析公共服务对劳动力迁移的作用机制，实证研究京津冀协同发展背景下公共服务对劳动力迁移的影响，进而提出京津冀公共服务均等化的发展策略，为完善配套基础设施建设与疏解中心城区人口提供决策支持。

1.1.2 研究意义

（1）理论意义

城市发展的动力是劳动力，劳动力作为城市的核心要素，是城市经济和社会价值增加的基础保障。劳动力对城市的选择包括经济因素和非经济因素，从马斯诺需求模型中的基本生理需求角度考虑，劳动力对基本医疗、教育、交通等公共服务的需求构成了其选择迁移与否的重要因素。因此，从劳动力迁移的动机出发，结合"用脚投票"理论和消费者偏好理论，阐述公共服务对劳动力迁移的作用机制，实证检验公共服务对劳动力迁移的影响，可以从劳动力迁移和分布的角度阐述公共服务供给和均等化的作用，为公共服务均等化发展策略提供目标支撑，为研究公共服务均等化提供新的理论方向，具有重要的理论意义。

（2）现实意义

京津冀协同发展被纳入国家战略体系后，实现了更加快速的发展。但相应的限制因素也随之而凸显，特别是公共服务方面的失衡现象，成为该区域乃至全国都需考虑的重点问题。针对该问题国家颁行了多个配套规划，并且明确指出将实现公共服务均等化作为未来重点目标。《京津冀协同发展规划纲要》和《"十三五"时期京津冀国民经济和社会发展规划》等多个规划文件，对最终目标与相关配套制度等进行了详细规范，为有效应对现有的水平差异提供了重要支撑。

长期以来，关于中国劳动力迁移的实证研究表明，就业机会和更高的收入期望是人口迁移的主要影响因素。因为户籍等方面限制，导致流动人口难以得到与本地民众相同的公共服务。所以，在已有的研究中，公共服务所构成的影响未能获得应有的关注。然而，伴随着中国城镇化进程的推进和流动人口经济社会特征的变化：具有长期定居意愿的流动人口比例越来越高；流动人口的"家庭化"迁移趋势越来越明显。这些变化对城镇教育、医疗卫生、文化、住房等公共服务水平提出了更高要求。因此，公共服务在中国劳动力迁移决策中的作用可能会越来越显著。2017年国务院印发了《"十三五"推进公共服务均等化规划》，在此背景下，结合当前京津冀一体化战略和首都人口疏解的紧迫形势，探索公共服务对劳动力迁移的作用机理以及实现公共服务均等化的对策，可以为制定首都人口疏解政策提供科学参考，具有现实意义。

1.2　文献综述

目前国内外关于公共服务的研究主要包括公共服务均等化影响因素及策略、区域公共服务水平和政策分析，以及公共服务与劳动力迁移关系的研究。

在公共服务均等化影响因素及策略方面，现有研究主要针对公共服务均等化现状和问题，阐述实现公共服务均等化的路径；在区域公共服务水平测度和政策分析方面，研究集中在如何推动区域公共服务发展，实现区域公共服务均等化；在公共服务与劳动力迁移的关系方面，研究集中在公共服务的某个要素对劳动力迁移的影响。

1.2.1　公共服务均等化影响因素及策略研究

《"十三五"推进公共服务均等化规划》中明确了8项公共服务指标：公共教育、劳动就业创业、社会保险、医疗卫生、社会服务、住房保障、公共文化教育和残疾人公共服务。当前，国内外关于公共服务均等化的研究主要集中在差异化测量、非均等化现状、影响因素以及对策等方面。

判断公共服务是否均等以及均等的程度，需要有明确的衡量指标。国内学者主要从财政均等化程度、公共服务水平来选择指标。前者间接反映了均等化的实际情况，政府对公共服务的财政投入在相当程度上决定了公共服务的数量和质量，公共财政资源的分配及投入方式，会很大程度地影响公共服务均等化的程度（项继权、袁方成，2008）。后者公共服务水平的衡量指标相对复杂，一方面是因为公共服务类型多样，另一方面是还要衡量这些服务的投入水平、投入效果，因此学者们多根据研究需要侧重选择一个或几个指标进行测量（陈昌盛、蔡跃洲，2007）。

公共服务非均等化的现状。总体来看，当前我国公共服务总量供给不足，区域之间、城乡之间和不同群体之间的公共服务差异显著（郭小聪、代凯，2017），这种差异不仅存在于省份之间（王新民、南锐，2011）、城市之间（马慧强等，2011）、城乡之间（成奎、王朝才，2011），更存在于县域之间（安体富、任强，2008），而且这种差距还有扩大的趋势。一般来说，东部地区公共服务均等化水平高于中西部地区，某一省份内部、城乡之间公共服务均等化水平存在较大差异，城市地区居民享有的公共服务水平高于农村地区居民。在公共服务具体领域，有学者分析表明，我国的社会保障（李雪萍、刘志昌，2008）、基础教育（雷晓康、曲婧，2011）、公共卫生（和立道，2011）等公共服务水平在地区之间、群体之间存在明显的非均等化现象。

公共服务均等化的影响因素。由于财政支出是影响公共服务供给的核心因素，因此，当前大多数学者将公共服务均等化问题归结为财政问题，其逻辑是：分税制改革造成了我国地区财力差异，且不同层级政府财权与事权不匹配，进而导致地区公共服务供给不均衡（雷晓康、曲婧，2011）。当然，有学者研究发现，即便将大量的财政资源投入服务方面，也并不代表着可实现更加理想的输出：一方面，公共投入可能出现资金漏出问题，即有限的财政资源并没完全用到改善那些确实存在服务诉求的人口身上（Savas，1978）；另一方面，不同区域的公共服务供给成本有显著的区别，投入同等的资金规模最终所实现的服务效果或许会存在显著的区别（伏润民等，2010）。此外，财政支出也存在投入的有效性问题。

既然财力不均等是公共服务非均等化的主要因素，那么通过财政转移支付便是实现公共服务均等化的主要方式（郑浩生等，2014）。然而，由于转移支付的不平衡以及以财政供养人口为主的资金分配方式（贾晓俊等，2015），导致财政转移支付在促进公共服务均等化方面的作用仍然有限（Khemani，2007），而且可能引发财政支出变相膨胀问题（Oates，1985）；此外，均等化再分配机制可能会改变地方原本的财政架构，进而造成公共服务领域缺乏相应资本，为解决这一问题，中央需要为其调动更多的财政补助资金，进而造成了地方财政体系产生一定程度的结构性失衡（Stein，1997）。鉴于此，霍夫曼等（Holfman et al.）研究认为，推动公共服务均等化的发展进程中，中央政府的顶层设计、地方政府的基层操作及转移支付的协同配合都是不可或缺的改革支撑（Hofman and Gurra C.，2005）；此外，也有学者从改革财政体制、提高地方分权力度等方面提出了对策（楼继伟，2006）。

1.2.2 区域公共服务水平及均等化政策研究

不同区域的公共服务供给水平有所差别，现有研究大多从单一城市和省份、城市群等角度测度区域公共服务水平。随着我国城镇化水平的不断提高，中小型城市公共服务供给不断改善，教育和医疗服务水平提升明显，但是总体而言，中小型城市的公共服务水平较低，且发展不平衡，呈现东高西低的态势（卢小君、张新宇，2017）。从省际层面看，由于省内资源分布不平衡，导致省内不同城市之间的公共发展水平差异明显。以河南省为例，研究发现河南省公共服务水平与经济发展和财政收入具有强相关性，由于经济水平不高，河南省公共服务总体水平较低，且省内各市间差距较大，郑州和洛阳公共服务水平明显高于其他城市（唐销莉，2016）。近几年城市群公共服务联动发展的研究成为主流，以京津冀为例，研究表明以北京为核心的京津冀公共服务发展呈现水平差距大、非均等化严重的问题，核心城市北京公共服务水平远高于河北，京津冀城市圈公共服务的主要差距在京冀和津冀之间（田学斌、陈艺丹，2019）。

为了提高区域公共服务水平，实现公共服务均等化，各区域提出了符合自身特点的策略，主要包括以政府为主导的转移支付策略和引入多方参与的市场化服务供给策略。不同区域在政府转移支付方面的策略主要包括税收返还、专项转移支付和一般性转移支付（吴昊、陈娟，2017）。以上海为例，通过改变中心城区和郊区的转移支付结构和体系，可以有效提高公共服务均等化水平，合理的转移支付体系对公共服务水平具有均衡效应（周琛影，2013）。与此同时，多方参与的市场化机制也是实现公共服务均等化的有效路径，从西方引入的政府和社会资本合作（Public-Private-Partnership，PPP）模式则将社会资本引入公共事业中，以减少政府负担，弥补政府财力不足导致的区域间公共服务水平差距（廖文剑，2011）。

1.2.3　公共服务与劳动力迁移的关系研究

劳动力迁移决策本质上是个人或家庭决策的结果，是综合投入、产出及风险等多元因素作出的人力资源的最优配置决策方案（杨刚强等，2016）。传统发展经济学认为，为了更高的工资和预期收入，即使面临失业风险，劳动力也将从传统农业部门向现代工业部门转移（Lewis，1954）。基于中国劳动力迁移的实证研究也发现，务工经商以增加工资性收入是农村剩余劳动力往城镇迁移的主要动因（段成荣等，2013）。除此之外，迁出地和迁入地人口规模、区域经济差距、空间距离、住房价格、迁移网络和平均受教育程度也会对劳动力迁移产生影响（Munshi，2003）。

随着劳动力在城市间再次和多次横向流动，学者们发现工资和预期收入无法完全解释这种现象，于是开始关注公共服务供给对劳动力迁移的影响。Tiebout 模型最早将公共服务加入人口迁移的效用模型中，认为劳动力会在不同城镇间"选购"，选择公共产品和税收组合最符合其偏好的地区居住（Tiebout，1956）。公共服务对劳动力迁移的影响已经在很多国家和地区得以证实，城镇具备显著优势的环境设施、保障以及教育等支持，对最终产生的迁移现象有显著的促进效果（Standing，1981）。在加拿大，省份流入人口与教育、健康等公共服务支出成正比；在美国，住房质量与价格、教育质量和税率，是民众决定流入特定区域的重点分析要素（Sharp，1986）；在中国，地方财政支出增加时迁入人数也会增加，相对于地方政府建设支出，文教、卫生和社会保障支出对劳动力迁移的影响更大（张丽等，2011）；在印度，当最低薪资为每小时 7 卢比时，工人希望在电力、水管以及医疗方面提供的相应开支，分别为 42 卢比、84 卢比以及 390 卢比（Lall et al.，2009）。在美国，正规部门都要求有完善的社会保障，因此原本在墨西哥缺乏配套社保待遇的人员，会更为希望转移到美国从事劳动（Sana and Hu，2007）。

随着研究的深入，人们发现异质性个人或家庭所作出的迁移决策还受个体或家庭特征的影响。不同性别、年龄、婚姻状况、受教育程度的劳动力个体作出的迁移决策具有显著差异（夏怡然、陆铭，2015）。除此之外，家庭结构和属性也会影响劳动力迁移决策（杨刚强等，2016）。同时，丰富的家庭经济资本可以产生替代效应，导致农村富裕家庭更易进城（王冉、盛来运，2008；石智雷、杨云彦，2012）。

从数据和方法来看，早期由于数据可得性，劳动力迁移量化研究主要通过数据加总分析，直到麦克法登（Mcfadden）发展出条件 Logit 模型，国内外学者才开始利用微观数据来研究公共服务对劳动力迁移的影响；从衡量指标来看，一般用地方公共服务支出来衡量公共服务的水平，但公共服务支出只能反映公共服务投入的多少，却很难了解公共服务的提供成本、产出效率和服务质量。因此，一些学者将学校质量用考试成绩替代表征（Fullerton，1977）、将教育资源等价于人均教师数（梁若冰、汤韵，2008）、用人均医生数量和病床数量来度量医疗服务水平（Porell，1982；Gyourko and Tracy，1989）。

1.2.4 文献述评

当前，国内外关于公共服务与劳动力迁移的研究已经取得了丰硕成果，无论是数据收集、理论模型，还是分析方法都取得了显著进展，并且相关理论已经在很多国家和地区得到验证。但是从京津冀一体化角度来看，如何通过公共服务均等化引导北京中心城区劳动力往郊区及周边地区迁移仍需更深入的理论和实证研究。

首先，公共服务供给水平确实是影响劳动力迁移的重要因素，但不是决定因素。夏怡然等的研究成果表明，公共服务影响劳动力迁移的作用系数小于工资对劳动力迁移的影响。所以即便各个区域服务均等，可以实现人口一定程度的分散，但是整体而言大城市的集聚效应仍然存在。对于极端情形而言，即便各个区域的服务进入彻底均等的状态，公众依旧会为更加理想的工作以及收入而前往大城市，均等化仅是控制人口流动的辅助方案。在拟定城市建设战略的过程中，需要契合经济体系的发展趋势，有效认知人口流动走势，依靠增加服务供应的方式来减少所存在的压力。在制定城市发展战略时，应充分考虑城市人口空间布局，结合劳动力仍继续迁移大城市的现实情况，采取提升公共服务供给水平而非控制需求的措施。对北京、天津市而言，要根据人口仍将继续向大城市集聚的现实情况，适度放开户籍管制，将那些在北京生活多年的外来人口纳入公共服务体系，保障社会平稳发展。同时，一方面北京应当加快非首都功能产业、人口的疏解，另一方面河北和天津应当积极引进北京的产业和人口，优化公共服务供给，为最终缩小经济、产业差距争取时间。

其次，目前有关公共服务对劳动力迁移作用的研究仍显粗糙，只得出"提高公共服务水平有利于吸引劳动力迁移"的结论对政策制定者的实践意义不大，还需要细化研究二者的相互关系。从需求层面出发，需要研究个体或家庭特征如何影响他们对公共服务的需求差异，哪些个体或家庭容易被公共服务吸引，即哪些公共服务的效用水平更高，哪些个体或家庭不容易被公共服务吸引，有的放矢，提供公共政策的精准性。

从供给层面出发，需要评估不同公共产品的政策效果。公共产品支出划分为生产型公共支出（如基础设施建设）和消费型公共支出（如社会保障）（吴伟平、刘乃全，2016），劳动力先是偏向生产型公共支出规模较大的城市集聚，而伴随人口不断增加至特定临界值后，生产型支出的投入增长难以获得更多的流入，反而会因为存在相对偏高的成本，导致劳动者流入附近区域，消费型方面的投入增长能够实现相应的优化，进一步对迁入行为产生较强的正向激励。贾婷月论证了政府在科教文医等领域的资金增加，有助于实现更大的劳动力流入，带动城镇化更好更快的推进，而社保以及环境等方面的投入，与实际的流入状况并不存在明显的联系。对于京津冀而言，河北属于

"生产型公共支出低密度区"和"消费型公共支出低密度区",最优先的手段是招商引资发展经济,提高工资收入水平;其次是增加对河北的财政转移支付,改善政府财政资源配置效率,提高公共服务质量,改善公共服务支出结构。

最后,已有研究还需要进一步细化,研究公共服务对特殊群体的作用,特殊公共服务类型如高考招生、保障住房对劳动力迁移的影响,需要在计量方法、数据收集上进行更精确、广泛的研究。

1.3　核心概念界定

为实现区域协调发展,基本公共服务均等化是推动人口集聚与劳动力转移协同有序发展的重要保障。为突破人口过度集聚与持续外流的城市发展瓶颈,本书以京津冀区域为切入点,深入探究京津冀的基本公共服务对劳动力迁移的影响,因此亟须厘清基本公共服务、公共服务均等化与劳动力迁移的核心概念,从而为分析基本公共服务对劳动力迁移的作用机制与量化影响效果提供理论支持。

1.3.1　公共服务与基本公共服务

公共服务最初被称为"公共物品",强调不管个体是否愿意消费,其效用都将不可避免地影响整个社会。结合服务导向的异质性,公共服务主要分为社会保障、基础教育、基础设施、公共安全、公共卫生、环境保护与科学技术等基本类型(安体富、任强,2008),呈现高度的非排他性、非竞争性以及不可分割性等基本特征。我国在十六届三中全会正式提出了"公共服务"的行政理念,将公共服务作为建设小康社会的重要体制保障,视作提高政府社会管理效能的有力工具。

依据公共服务的供给内容差异，公共服务分为政府部门提供所有服务的广义概念与公共事业服务的狭义概念。从广义的角度上来说，政府部门借助社会公共资源进行的所有活动都可以被称为公共服务。从更为具体的角度上来说，向社会上的他人提供公共物品以及服务都可以被认为是公共服务。例如，为增加社会就业提供的服务，为进一步建设城乡的公共设施提供的服务以及为保障社会的教育等提供的服务都属于公共服务，而从狭义的角度来说，公共服务是指公共或准公共的服务要素和提供服务的过程，用于支持经济和社会的正常运转并直接满足所有或部分公民的基本生活和发展需求。提供公共服务是政府的主要职能之一。公共服务与一般的公共产品不同，它不仅是某种物质形式的结果，而且强调提供服务的连续性过程。

作为公共服务的重要分支，基本公共服务强调与公众生存和发展相关的基本性、直接性、具体性的特定公共服务内容。其中，基本公共服务侧重于社会公众普遍、公平、平等地享受保障性服务，且不随身份、地域及财富等个体化差异而发生变化。但是，目前学术界对基本公共服务这一概念还存在较大分歧，尚未取得共识。基于服务范围的异质性，基本公共服务主要分为三种类型（刘德吉，2009）：第一种是只将公共教育、公共医疗和社会保障等具有社会性的公共服务归为基本公共服务的狭义界定；第二种是广义界定，主张除了社会性与经济性服务以外，还应考虑一般行政管理、法律、司法等维持性服务；第三种是"中派"观点，系统参考了前两种观点，认为基本公共服务主要包括就业、基础教育、基本医疗、公共文化、社会保障、基础设施、公共安全和环境保护等范畴。

但由于公共服务的涉及领域较广且难以明确界定，同时不同区域的经济基础与发展现状存在异质性，公共服务的供给与需求呈现显著的地域差异，导致公共服务均等化的实现难度较大，且公共服务与区域发展不匹配容易弱化资源配置效率。在此基础上，各国政府往往立足于基本公共服务，通过缩小地域间的公共服务质量差距来推动区域协同发展。尤其在我国社会发展的主要矛盾已经转变的情境下，研究京津冀协同发展背景下公共服务均等化具有重要的理论意义与实践意义。因此，基于服务内容的可实践性与社会回应性，本书所研究的公共服务仅指基本公共服务。而结合基本公共服务的权利性质与需求内容，本研究认为，基本公共服务是结合国家当前经济发展现状，政府、社会组织及企业等多元主体协同参与，为保障社会公众生产与发展的基本权益而共同提供的无差别服务内容。同时结合 2017 年出台的《"十三五"推进基本公共服务均等化规划》，将基本公共服务细化为公共教育、劳动就业创业、社会保险、医疗卫生、社会服务、住房保障、公共文化教育和残疾人公共服务等核心内容，它们是保障公平公正与社会稳定发展的重要压舱石。

1.3.2　公共服务均等化与平均化

为满足社会公众的基本生存与发展需求，政府在财政保障能力与人民生活需要之间不断寻求动态平衡，以期切实保障全体公民能够公平公正及时地享受多元化与精准化的基本公共服务。但由于地域发展水平与供需市场的结构性差异，公共服务均等化并不等价于简单的平均化，而是相对于动态的均等化，因此本书将厘清"均等化"与"平均化"的概念界定，从而明确公共服务均等化的供给导向与实施路径。一方面，均等化与平均化的对象指代存在差异，均等化强调在发展过程中缩小不同个体间或区域间差距，但允许不同主体之间存在些许差异，而平均化则强调目标客体在不同个体或区域间"一刀切"的无差异等分。另一方面，结合话语前提视角，均等化侧重在一定衡量标准的基础上实现有差异的等同，并不要求不同主体间实现标准化一致，而均等化则立足于平均主义，侧重无差异、无条件、绝对性的完全相同。

从理论和实践分析的角度来看，公共服务供给矛盾主要分为无法提供充足的公共服务与公共服务供给的质量差异。公共服务均等化本质上是促进社会资源在公民之间合理分配，促进社会公平的过程。公共服务均等化的公平机制能够周期性地分为起点公平、机会公平及结果公平。其中，起点公平代表"数量公平"，即城市劳动力占有相对平等的公共服务资源；机会公平代表"过程公平"，即城市劳动力在遵守城市相关规范、法律及制度的前提下，针对同一公共服务资源享有同等的机会；结果公平代表"质量公平"，即城市劳动力在同等机会享有同等公共服务资源的情况下，从中获得的效用水平是相同的。

但由于发展程度不同，不同城市在经济发展、科技创新、医疗保障、院校教育、文化水平、人口集聚等公共管理方面存在一定差异，盲目追求公共服务平均化既不符合公平公正的资源配置要求、弱化社会劳动生产率的发展积极性、增加地区财政支出负担，同时也容易引发区域资源与公共服务错配，导致不同人口密度的区域公共服务供不应求与供过于求。因此，在公共服务均等化进程中，顶层设计应因地制宜，结合区域经济发展、人口集聚及发展规划有针对性地制定城市公共服务供给标准，保证公共服务供给与社会公众的精准匹配，最大化公共资源的市场配置效率，实现社会公众在规制公平、权利公平与机会公平方面的民生保障。尤其在城际劳动力转移日趋频繁与动态发展的背景下，推动公共服务均等化是最大化城市集聚效应，合理协调劳动力流入与流出的动态平衡，实现人口集聚与转移有序发展的重要举措。

1.3.3　劳动力流动与劳动力迁移

作为生产要素空间配置与优化的重要路径，劳动力流动与劳动力迁移通过区域人力资本的帕累托优化，持续推动省际间与省际内部的劳动力转移进程，为经济高质量发展提供新动能。基于时间作用节点的异质性，劳动力流动与劳动力迁移均发生了地理位置的转移与变动，但在空间转移进程中却存在时期差异。为客观分析公共服务均等化对劳动力迁移的冲击，亟须立足户籍制度发展情况，厘清劳动力迁移与劳动力流动的概念界定划分。其中，劳动力流动侧重短期移动，即劳动力在户籍所在地保持不变的前提下，在一定时期后往往会选择返回原居住地的短期转移活动，主要分为往返流动与周期流动；劳动力迁移则侧重中长期移动，即劳动力由原居住地迁出至目标区域的长期性或永久性转移活动，且转移过程中往往容易伴随发生主体户籍的变更。劳动力流动更为普遍，因其时期较短且不确定性较高而难以形成稳定的经济增长极；而劳动力迁移的时间要求相对较高，影响因素也更加多元化，对城市的人口负载力往往会产生长期作用，因此更受关注。

在市场经济体制确立后，我国省际间与省际内的动力迁移的制度性限制逐渐被打破，在薪资水平、技能匹配及职业发展的经济动机，以及人文环境、教育条件及医疗保障的非经济动机的协同驱动下，城际劳动力的迁移积极性不断被激发，劳动力迁移规模与速率呈现显著变化。结合 2005 年全国 1% 人口抽样调查结果，我国劳动力迁移数量高达 1.4 亿人，充分体现了人口集聚的经济红利与非经济红利。尤其在京津冀协同发展背景下，劳动力空间配置情况愈发动态与复杂。因此，为厘清公共服务均等化对劳动力迁移的影响机制，本书结合人口普查的思路方法，将劳动力迁移定义为在经济动机或非经济动机的驱使下，劳动力发生户籍变更或常住地改变半年以上的跨乡镇（街道）的转移过程，进而深入探究公共服务均等化对劳动力迁移的作用机制。

1.4 研究内容和研究方法

1.4.1 研究内容

在《"十三五"推进公共服务均等化规划》《京津冀协同发展规划纲要》以及首都人口疏解等战略规划和背景下，本书在评价京津冀三地公共服务状况的基础上，构建劳动力迁移收益模型研究公共服务对劳动力迁移的作用机制，进而研究京津冀公共服务均等化的对策。具体研究内容包括以下三个方面。

一是公共服务地区差异化分析。包括：①京津冀三地公共服务差异化测量。首先，运用主成分分析等方法识别公共服务的关键构成要素及权重。其次，依据数据的可得性和测量的准确性，选取衡量教育水平、医疗服务水平、住房保障水平等关键构成要素的指标。最后，运用 Theil 指数测度京津冀地区的公共服务差异。②京津冀公共服务差异化的影响因素分析。基于以上分析，首先，从公共财政支出角度研究公共服务支出在财政总支出中的占比，并量化人均公共服务支出水平，进而探究财政支出对公共服务水平的作用路径。其次，从"投入—产出"角度，探求京津冀地区公共服务成本及产出效率。最后，分析财政转移支付的使用情况以及对公共服务支出的影响。

二是公共服务影响对劳动力迁移的实证分析。包括：①公共服务对劳动力迁移的作用机制分析，分析劳动力迁移动机，探求公共服务与劳动力迁移之间作用影响的耦合过程。②劳动力迁移效用模型构建。首先，结合"成本—收益"分析框架，建立劳动力迁移效用函数；其次，利用条件 Logit 模型估计京津冀三地城市特征值对流动人口迁入的影响；最后，由于条件 Logit 模型无关选项独立性假设的前提条件，还将对估计结果进行稳定性验证。③公共服务影响劳动力迁移的异质性分析。不同个体特征的劳动力在公共服务需求上可能存在异质性，因此通过在 Logit 模型中加入城市特征与个人特征的交叉项来考察不同人口特征的劳动力对公共服务的异质性反应。

三是京津冀公共服务均等化的对策研究。从公共服务均等化的公平与效率、京津冀公共服务均等化体系构建、京津冀公共服务均等化制度设计及京津冀公共服务均等化政策选择四个方面提出促进京津冀公共服务均等化的政策建议，从而满足帕累托最优条件，实现社会福利最大化。

1.4.2　研究方法

（1）资料收集方法

①文献法：广泛收集、阅读、整理国内外相关领域的研究文献，从"公共服务均等化"以及"公共服务与劳动力迁移"两个方面分析和总结国内外研究动态，形成本研究的文献综述部分，进而提炼理论基础及拟解决的关键科学问题，并发现已有研究需要进一步细化，如公共服务对特殊群体的作用，特殊公共服务类型如高考招生、保障住房对劳动力迁移的影响。结合当前京津冀一体化战略和首都人口疏解的紧迫形势，梳理公共服务均等化影响劳动力迁移的相关研究，总结公共服务对劳动力迁移的作用机理以及公共服务均等化的实施路径，有利于为通过公共服务均等化引导北京中心城区劳动力往郊区及周边地区迁移提供坚实的理论基础、资料支撑及实证指导，完善本书研究的逻辑框架。

②数据库运用法：为探究京津冀协同发展背景下公共服务水平，本书选取了教育服务、文化服务、卫生服务、社会保障服务、基础设施服务、生态环境服务、信息化服务 7 个二级指标，33 个三级指标，构建了测量指标体系。收集了 2001～2018 年《中国城市统计年鉴》《中国民政统计年鉴》《中

国劳动统计年鉴》等数据，先利用熵权法 TOPSIS 计算得到 2001～2018 年京津冀 13 个城市公共服务水平综合得分，以及 7 个二级指标的得分，再运用 Theil 指数对京津冀公共服务水平的变化进行深入分析。同时，结合《中国城市统计年鉴》、《中国区域经济统计年鉴》、全国第六次人口普查数据、全国流动人口动态监测等数据，为研究"公共服务对劳动力迁移的作用机理与影响"获取可供科学分析的定量数据，进而运用 Logit 等系列回归方法对数据进行实证分析，以深入探究公共服务均等化对劳动力迁移的多角度、深层次的影响路径。

（2）资料分析方法

①文献研究：对相关文献资料进行梳理分析，一方面，建立理论分析框架，从"成本—收益"框架入手，研究劳动力选择某一城镇定居的收益（工资、公共服务等），即随着经济水平的不断提高，城乡之间的经济差异显著增大，劳动力资源会从工资收入低的城市源源不断地涌入工资收入高的城市，从而获取更高报酬，改善经济状况；另一方面，确立了"用脚投票"的理论依据（Tiebout，1956），即当城市间劳动力可以自由无障碍迁移时，公共服务对劳动力迁移的影响取决于劳动力迁移收益是否大于迁移成本，由于不同劳动力对城市特征的效用不同，倾向于公共服务的劳动力迁入公共服务供给完善的城市可获取的效益更高，公共服务的效用特征决定了其在劳动力迁移时的效益，当效用作用下的效益不同时，劳动力的选择完全不同，公共服务带来的劳动者消费效用的差异决定了消费效益的差异，从而确定了劳动者"用脚投票"的决策。本书通过完善公共服务均等化影响劳动力迁移研究的理论分析框架与理论依据，进一步夯实了公共服务均等化机理分析与实证分析的理论基础，并有利于保障研究结果的客观性，提高公共服务均等化决策建议的说服力。

②比较研究：公共服务非均等化不是中国的特有现象，在世界其他国家甚至是发达国家也普遍存在。为了促进公共服务水平的均等化，许多国家作

出了不少尝试，亟须通过比较研究为我国公共服务均等化提供经验借鉴。因此，本书在国内外理论研究比较的基础上，选取加拿大、日本、澳大利亚及北欧等可比性较大的国际大都市进行对比分析。其中，加拿大联邦政府通过均等化项目、社会健康项目和信托地区常规支持基金的财政转移支付来保证地方的财政均等化；日本推行了交付税为中心的财政平衡制度，改善了地区间的财力分布，促进了公共服务的均等化供给；澳大利亚联邦政府近年来实施了一系列以均等化为目的的均衡拨款制度，包括商品服务税、国家竞争政策补助等，从而稳定社会经济发展；北欧福利国家进行了基于多方调节机制的均等化实践，包括提供面向劳动力市场的"民生性"服务、提供促进社会事业发展的"公益性"服务、提供非竞争领域的"基础性"服务。最后，总结发现其主要实现方式是建立转移支付制度以促进地方财政能力均等化，同时通过立法的形式为公共服务均等化提供制度性保障，并成立专门的公共服务均等化推进部门。而目前我国公共服务非均等化现象还比较明显，京津冀特别是河北省内部还有非均等化扩大的趋势，有必要充分借鉴西方发达国家的实践和经验，有效推进京津冀的公共服务的均等化发展，充分发挥比较研究对推动我国公共服务均等化的指导作用。

③定量研究：为量化分析"用脚投票"机制下公共服务对劳动力迁移的影响，本书通过构建目标城市公共服务、薪资水平、就业水平、产业结构及固定资产投资等城市特征影响京津冀区域劳动力流入的条件 Logit 模型，检验了流动劳动力中的"用脚投票"机制。如式（1.1）所示，通过对 α、β 及 δ 等参数进行估计，从而测算公共服务、工资及其他城市特征向量对劳动力选择目标城市的影响。其中，当参数为正时，解释变量对劳动力选择城市产生正向影响，且参数值越大，影响程度越大，被选择的概率也越大；反之则产生反向影响，被选择的概率也越小。而在条件 Logit 模型分析中，除研究城市特征对劳动力迁移的影响之外，本书还通过设置流动劳动力年龄、性别、婚

姻状况、文化水平、流动性水平等个体特征与城市特征的交叉变量，深入分析了城市公共服务影响流动劳动力迁移决策的个体异质性，在本书研究中城市特征向量主要包括公共服务和薪资水平，因此主要测算两种解释变量影响劳动力迁移的异质性，如式（1.2）所示。其中，I_{ij} 为劳动力个体特征与城市特征向量的交叉变量，γ_j 为交叉变量的解释系数。同时，基于计划生育时代性和工资收入边际效用递减理论等，拓展分析了公共服务及薪资水平对流动决策的影响，从而为探索实行公共服务均等化的对策、制定首都人口疏解政策提供科学决策参考与支持。

$$Probit(Choice_{ij} = 1) = \frac{\exp(\alpha_j S_{ij} + \beta_j W_{ij} + \delta_j Z_{ij})}{\sum_{k=1}^{J} \exp(\alpha_k S_{ij} + \beta_k W_{ik} + \delta_k Z_{ik})} \tag{1.1}$$

$$Probit(Choice_{ij} = 1) = \frac{\exp(\alpha_j S_{ij} + \beta_j W_{ij} + \delta_j Z_{ij} + \gamma_j I_{ij})}{\sum_{k=1}^{J} \exp(\alpha_k S_{ij} + \beta_k W_{ik} + \delta_k Z_{ik} + \gamma_k I_{ik})} \tag{1.2}$$

1.4.3 技术路线

基于"发现问题—提出问题—解决问题"的研究思路，本书结合公共服务均等化的理论基础与基于劳动力迁移的分析视野，系统阐述了公共服务的功能定位和发展目标，并以京津冀城市群为研究对象，以劳动者迁移为切入点，测度城市群协同发展背景下京津冀区域公共服务水平和差异度，在此基础上结合西方发达国家推动公共服务均等化的实践和经验，深入分析公共服务对劳动力迁移的作用机制，实证研究京津冀协同发展背景下公共服务对劳动力迁移的影响，进而提出京津冀公共服务均等化的发展策略，为完善配套基础设施建设与疏解中心城区人口提供决策支持，研究路线见图 1.1。

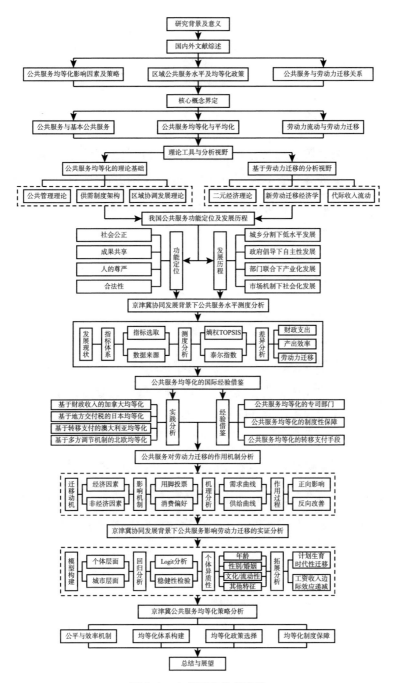

图1.1 本书研究技术路线

1.5　主 要 创 新

（1）选题的创新

目前关于公共服务均等化的研究很丰富，但是从劳动力迁移视角切入，以城市群为对象的公共服务均等化研究较少。本书以京津冀协同发展为基础，理论上从京津冀城市圈内劳动力迁移方向着手，阐述公共服务通过劳动力迁移能够实现首都功能圈的人口疏解，选题从理论上阐述了公共服务均等化的实现路径。

（2）研究内容的创新

研究公共服务对劳动力空间集聚的影响机理，尤其是考虑到户籍等宏观制度约束下公共服务对劳动力在"中心城区—郊区""大城市—中小城市"之间迁移的作用程度，有助于验证"用脚投票"机制在京津冀地区的适用性，弥补了以往单纯从就业、收入等视角研究京津冀劳动力迁移的不足；同时，克服了以往研究中仅对城镇之间劳动力迁移进行探究的局限性。

（3）研究方法的创新

将公共服务直接纳入劳动力迁移效用函数，利用条件 Logit 模型估计京津冀三地城市特征对劳动力迁移的影响，有效解决了以往依靠加总数据来研究城市特征对劳动力迁移影响的不足；在指标选取上用"生均小学教师数"和"生均中学教师数"衡量基础教育水平，用"高校招生人数/城镇户籍人口"测量高等教育水平，用"常住人口人均保障性住房面积"衡量居住保障水平，用"人均病房数""人均医生数""人均医院数"衡量医疗服务水平，可以实现公共服务测量的准确性和数据的可得性，同时也可以克服公共财政有效供给和产出效率问题。

第2章

理论工具与分析视野

2.1　公共服务均等化的理论基础

2.1.1　公共服务供给：公共管理理论

作为公共服务领域的核心工作，公共服务供给立足于多元化公共需求，侧重公共服务资源到公共服务产出的转化过程，是政府部门的基础与核心职能活动。由于行为活动的动态变化与实践导向，公共服务供给理论在理论研究与实际操作上并不完全等价于公共服务理论。因此，本书结合公共服务供给的运作逻辑与发展脉络，将依托公共管理理论架构协同阐述公共服务供给的理论逻辑（见图2.1）。

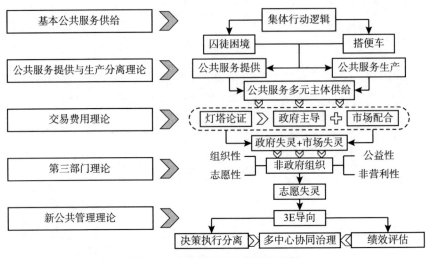

图2.1 公共服务供给的理论逻辑

为辨析公共服务供给截面，公共服务提供与生产分离理论将公共服务供给分为生产与提供两个基本环节（Ostrom，1961）。其中，公共服务生产强调设计与经营的投入产出效率，公共服务提供则强调公共服务供给的模式、质量及次序安排等决策安排。生产与提供环节的系统区分直接体现了公共服务供给主体的多元化发展特征，即公共服务提供主体并不等同于公共服务生产主体，进而促进政府单一供给模式逐渐转向政府主导、私营机构与非营利组织协同配合的混合供给模式，为破解"集体行动逻辑"下公共服务供给市场的"囚徒困境"与"搭便车"问题提供了新发展理念，并为提高公共管理资源配置效率与公共服务供给精准性奠定了理论基础。

基于非竞争性与非排他性，公共产品的"灯塔"论证提高了公共服务供给过程中市场主体的参与难度。而在交易费用理论指导下，公共服务的生产与提供阶段本质仍属于"交易"范畴，公共服务供给模式应立足交易费用最小化原则，选择投入产出效率最大的运行机制（Coase，1960）。因此，公共服务虽然离不开政府部门的行为主导或信用背书，但引入市场力量保障信息透明度而规避政府垄断的"黑箱"操作，仍是提高公共服务供给质量的必然选择。在此基础上，公共选择理论结合"理性经济人"假设，强调公共服务供给的多元主体不可避免地存在利益最大化的行为决策动机（A. Downs，1957）。作为公共服务供给的核心主体，政府部门容易通过预算最大化与行政管理开支膨胀等方式满足个体与群体利益，甚至衍生出权力寻租等负面行为，在忽视社会公共服务实际需求的同时也严重弱化了公共管理资源投入产出效率，呈现公共服务供给领域的政府失灵，亟须引入市场竞争而实现多元化供给，并完善公共管理资源配套监管体系，保障公共服务的有效供给。

由于政府失灵与市场失灵不断出现，公共服务供给在政府机构与市场力量之间衍生出了非政府组织或非营利组织，并催化了第三部门理论的形成发展（Theodore Levitt，1973）。第三部门依托于组织性、志愿性、非营利性及公益性等行为优势，充分考量了公共服务供给的公平与效率，从而有效弥补了政府与市场的服务短板。相对于政府机构与市场力量，第三部门运营成本与监督成本较低，社会回应能力相对灵活、迅速且多变，减少了公共服务供给侧与需求侧的信任隔阂，是公共服务供给领域不可忽视的重要力量。但是，由于行为偏离的存在，第三部门仍可能会产生公共服务资源低效配置的"志愿失灵"，导致公共服务需求满足的功能性问题。

因此，为保障公共服务供给的专业化管理与绩效产出，新公共管理理论立足于经济、效率、效能的"3E"导向，进一步明确了公共资源有效利用的主体界面（Christopher Hood，1991）。其中，在公共服务供给的多元主体框架下，政府部门应侧重"掌舵"，市场力量与第三部门则侧重"划桨"，即基于决策与执行的分离理念，政府严格把握公共服务供给的顶层设计决策导向，将具体工作细节及责任有限下放至私营部门与社会组织。同时，在竞争机制约束下，公共服务供给过程更加侧重投入产出效率，通过绩效评估的目标测评与控制保障公共服务供给的质量与效率，切实提高公共服务供给对社会需求的回应水平。由于公共服务的公共利益最大化属性,公共服务供给的投入与产出要素往往无法直接量化,且绩效评估的市场逻辑容易忽视社会弱势群体的利益。但不管怎样,在多元主体参与深度与广度日趋深入的背景下,公共服务供给的多中心协同治理导向呈现不可逆发展趋势,这既是社会公众权益的重要保障,也是公共服务需求的直接表达。

2.1.2 公共服务需求:供需制度架构

为推动社会公平与保障社会稳定,政府、市场及公众等多元主体立足于社会回应性,结合区域发展现状而促进城乡及群体间的公共服务均等化。在政府主导供给基础上,社会公共服务需求的引入实现了"需求收集—服务供给—评价反馈"的高质量阶段管理,进而形成了"供给机制—需求机制—监督机制"的供需制度架构,为公共服务均等化的运行机制提供了坚实支撑。其中,作为供给侧与需求侧的交互点,需求机制通过完善畅通公共服务需求的表达渠道而充分权衡了公民参与元素,有效弥补了公共服务供给的信息不对称缝隙,以期切实提高政府公共管理的回应性水平。立足于公共服务的多样化与精准化需求,供给机制从供给主体、供给范式等视角明确了公共服务的理论逻辑,保障公共服务的供给质量与效率水平。另外,为保障公共服务供需侧的精准匹配,监督机制是公共服务均等化高质高效开展的必要保障,通过多元主体协同监督与行为纠偏,保障供给机制与需求机制的循环对接,从而改善社会公众对公共服务的满足感与幸福感(见图2.2)。

从需求机制视角,公共管理的社会服务离不开社会需求与需求满足的动态交互,直接体现了公共服务体系架构中需求的重要地位。作为政府职能的基本构成,公共服务供给水平是政府行政考核的重要"硬指标"。而在晋升驱动下,地方政府公共服务供给过程中容易忽视社会公众的实际需求,通过"拍脑门"的主观决策方式过度聚焦于上级政府的公共服务建设指标与框架

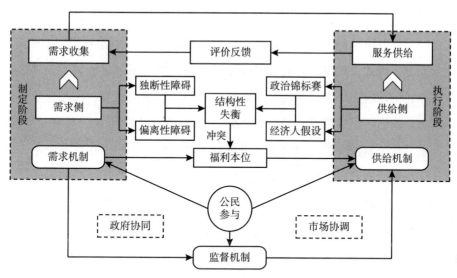

图 2.2 公共服务的供需制度架构

要求，脱离了公共服务供给的服务本位，导致区域公共服务供给与社会需求面临结构性失衡的发展困境。因此，在公共服务均等化进程中，地方政府应在顶层设计阶段积极引入公民参与元素，畅通社会需求表达与传递渠道，充分发挥社会公众智慧的聚力作用，保障公共服务供给与社会实际需求的匹配精准性，规避公共服务的独断性、偏离性等低效与无效供给，切实提高公共服务的供给效率进而最大化社会效益水平。

从供给机制视角，公共服务供给是政府部门的基础职能，也是实现公共服务均等化的基本前提。基于供给主体的异质性，公共服务供给主体主要包括政府、市场及社会组织。但由于公共服务的民生领域相对广泛，且资本、人力等基本要素条件较为苛刻，政府往往担负公共服务供给的主要责任而处于主导供给地位。但在政府单一供给模式下，由于公共资源配置效率相对较低且容易引发供需侧匹配失衡，政府逐渐引入并指导市场主体参与公共服务供给领域，以高效满足社会公众的公共服务需求，最大化公共服务供给效率与质量水平。但是，考虑到"经济人假设"的经济效益最大化，非政府资本的"利益本位"与公共服务的"福利本位"存在难以统一的内在冲突，容易弱化公共服务供给的产出效率，甚至出现外包回收与逆民营化等政府兜底的复杂问题。因此，为突破政府失灵与市场失灵的发展瓶颈，公共服务供给过程逐渐转向政府主导、市场配套与志愿补充的混合供给机制，在改善政府供给与市场供给不足的同时，尽可能精准满足社会公众的多元化公共服务需求，从而最大化公共服务供给效能水平进而保障社会稳健发展。在此基础上，为贯彻回应型政府理念并规避上级问责风险，地方政府结合区域公共服务供给现状，倾向选择科层制管理与市场化治理的折中模式，并配合大数据、人工智能等高新技术辅助性工具，提高公共管理资源的整合力度而最大化公共服务供给的质量与效率，这逐渐成为公共服务均等化的新发展导向。

从监督机制视角，为规避公权力滥用并弱化市场逐利性，公共服务供给机制与需求机制的精准匹配离不开多主体、深层次、全方位的全程动态监督。纵观顶层设计到基层实践全过程，公共服务均等化的运行机制呈现动态化、体系化及可持续的复杂治理特征，容易衍生市场寻租、机会主义及裙带管理的公共管理风险，亟须引入多元主体协同参与的规范性监管工具，健全公共服务均等化职责对等的系统体系，严格把握公共服务供给过程的阶段细节。因此，为打破公共服务资源的长期配置不均僵局，依托公共服务监管体系明确多元主体的职责界面、隶属关系及行为规范，克服公共服务供需侧结构性矛盾的政治惯性与市场滞后等问题，合理协调公共服务精准供给与利益诉求的动态统筹，是推动京津冀协同发展背景下公共服务均等化设计的理论基础。

2.1.3 公共服务均等：区域协调发展理论

在公共服务供给需求精准匹配的发展指导下，政府、市场及社会组织立足于社会公众的生产与发展基本权益，以最大化满足公共服务的权益需要。但由于地方经济发展阶段、区域财政保障能力及公共服务管理水平的异质性，我国不同省份与城市间的公共服务供给差异明显。因此，在区域协调发展理论指导下，推动公共服务均等化进程成为社会历史发展的现实问题。

新古典市场经济学认为完全自由竞争的经济市场机制往往会直接驱动生产要素合理自由流转和优化配置，实现不同区域间生产要素市场价格的均衡趋同，进而推动实现区域协调发展。但由于区域间的要素禀赋差异，核心发达地区和边缘地区难以形成有利的"涓滴效应"，往往通过"增长极"实现经济发展的区域传导与辐射带动。为推动区域协调发展进程，应通过合作机制、扶持机制及市场机制的协同作用推动生产要素的跨域流动，最大化保障社会公众都有权利共同享受生产力成果。其中，区域协调发展并不局限在国民收入的二次分配，也聚焦于公共服务资源的合理配置。但由于区域承载力及财政能力差异，全方位的公共服务均等化难以实现且容易偏离社会实际需求，甚至引发公共管理资源的浪费与低效利用。因此，在京津冀区域协同发展的背景下，应立足于社会公众基本需求，积极推动公共服务均等化进程，弱化不同区域与群体间的供给差异，实现发展福利共享的共同富裕目标。

2.2 基于劳动力迁移的分析视野

2.2.1 劳动力市场化迁移：二元经济理论

在京津冀协同发展背景下，探究公共服务对劳动力迁移的作用机理是推动公共服务均等化进程的重要手段。但是，劳动力迁移动因并不局限在公共服务需求、基本福利保障等非经济因素，职业发展、市场收入等经济因素也是迁移决策的重要判断。因此，本节依托于二元经济理论，系统阐述劳动力市场化迁移的推动作用机制。立足于古典经济学时期的收益驱动宏观研究基础，刘易斯首次提出了二元经济结构理论，强调在先进的工业部门与落后的农业部门的二元架构下，现代城市工业部门与传统农村农业部门间的收入差距推动了农村剩余劳动力向工业部门转移（张延吉，2014）。其中，工业部门基于利润最大化导向，资本收益将二次投入工业生产而持续提高技术创新与劳动力生产率水平，为推动产业规模不断扩大，工业部门通过提高工资来吸引劳动力进入。但相较于工业部门，农业部门的自产自足特征弱化了劳动生产率与技术创新的发展积极性，收入长期维持在最低生存水平，导致农业部门呈现典型的不充分就业劳动力"蓄水池"，形成了剩余劳动力的人口红利。

在二元经济理论的劳动力迁移逻辑下，SS' 是劳动力供给曲线，而不同资本积累水平 K_i（$i=1$，2，3）的劳动力市场需求 $D_i(K_i)$（$i=1$，2，3）呈现明显的阶段发展差异。同时，相较于农业部门的静态最低工资水平 ω_a，工业部门的工资水平 ω_u 始终高于 ω_a，且随着技术进步与劳动生产率的提高而呈上升趋势。在经济发展初期的第一阶段，由于资本存量基础不足，人均资本存量相对较低，而随着资本积累规模的持续扩大，人均资本存量持续走高，工业部门的劳动力容纳空间进一步扩充，从而吸引农业部门剩余劳动力向工业部门转移而实现劳动力跨部门的市场化迁移。当资本规模发展到第二阶段后基于劳动与资本边际收益递减规律，第一阶段的劳动力迁移逐渐突出了农业部门剩余劳动力的稀缺性，劳动力供给曲线 SS' 呈现为缺乏弹性特点，导致工业部门须不断提高工资水平而保障工业部门的劳动力迁移拉力。因此，由于部门间边际生产力的异质性，工资水平差异直接推动了农业部门劳动力的外向流出，进而推动二元经济结构逐渐演化成为单一工业化结构。但是，后续研究也注意到，考虑到农业部门的内在发展需求，资本积累速率应该落后于人口增长速率，以此保证工业部门对农业部门剩余劳动力的持续拉动作用。在农业部门劳动力匮乏情境下，农业产出不足会直接拉升农业边际产出，此时农业部门的经济化产出与非经济效能均会高于工业部门，从而造成剩余劳动力回流的情境（见图 2.3）。

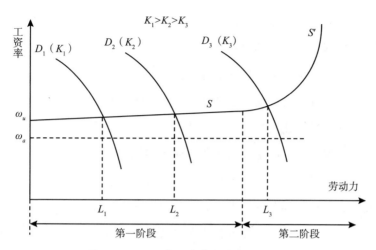

图 2.3   二元经济理论的劳动力迁移逻辑

2.2.2   劳动力非市场化迁移：新劳动力迁移经济学

相较于传统经济驱动因素的劳动力市场化迁移，斯塔克（Stark）立足于世界人口迁移的非经济因素动机提出了新劳动力迁移经济学，从家庭视角分析了劳动力的非市场化迁移。其中，基于家庭成员性别、年龄及技能的异质性，家庭单位立足于风险转移、经济约束与参照物剥夺等核心理念，结合家庭成员的个性化特征及内在需求而共同决定生产活动决策，合理配置劳动力资源而实现整体效益最大化。在风险转移上，为提高收入来源的稳定性，家庭成员往往避免集体从事单一行业或在相同城市工作，通过部分劳动力迁移的外出务工来保障收入结构的多元性，提高经济来源风险的抗扰动能力。在经济约束上，由于区域间经济发展差异，为保障基本生存发展需求并提高物质生活水准，家庭单位倾向将部分劳动力"分配"至高收入城市，劳动力则依托家庭责任感赴外地打工以获取必要的充分的资本回报。在参照物剥夺上，当家庭单位的收入水平与周边参照人群存在明显落差时，家庭成员在参照物剥夺的驱使下选择劳动力迁移的外出决策可能性也相对较高。

同时，家庭决策往往更加贴合主观意愿，此外还存在非自愿的强迫性劳动力迁移或发展引致的劳动力迁移。在大型基础设施项目迅猛发展时期，市场巨量的用工需求引发了工程性的非自愿劳动力迁移活动。随着市场化经济的逐渐放开，工程性的劳动力迁移逐渐从政治导向转为市场导向，并通过大农业安置模式、城镇化安置模式、整体搬迁及混合安置模式满足劳动力迁移的基本生存发展需求，以切实消除非自愿人口迁移的"稳得住、能致富"等经济发展顾虑。另外，生态环境恶化也引发了劳动力的被动迁移活动，并通过农业安置、教育培训及劳务工作满足公共需求。相较于工程性非自愿迁移，生态性劳动力迁移的出发点更依托主观意愿，但其本质也并非经济因素驱动的主动迁移活动，所以被归于非自愿的非市场化迁移，也被称为"生态难民"。一方面，生态性劳动力的迁出有利于满足自身发展的经济需求与社会需要；另一方面，劳动力迁移也为生态恢复提供了自然空间，但不可否认，这也进一步增加了空间劳动力迁移的复杂性。由此可见，新劳动力迁移经济学并未完全否定经济因素的迁移作用，但更侧重于福利最大化视角的综合因素实现劳动力迁移的推拉作用，进一步扩展了劳动力迁移的分析视野（见图2.4）。

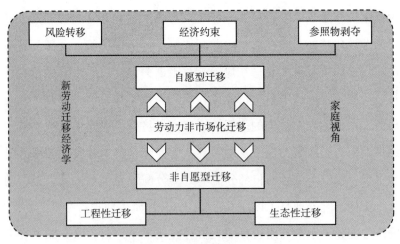

图2.4　新劳动迁移经济学的理论逻辑

2.2.3 劳动力迁移与公共服务匹配：代际收入流动

在市场化与非市场化的协同作用下，劳动力迁移愈发频繁与深入。而作为经济附属产物与社会福利需求的双重表征，公共服务供给一方面应提高城市服务承载水平，满足劳动力迁移的公共需求，另一方面应推动公共服务均等化进程，保障不同城市间劳动力的有序合理配置。因此，劳动力地理空间的动态变化持续作用于公共服务供给的总量与质量，同时在"以脚投票"效应、劳动力市场匹配效应及人力资本效应的基础上，代际收入驱动的劳动力迁移与公共服务供给存在密切相关的内在联系。

结合蒂伯特（Tiebout）"以脚投票"的观点，在自由流动、信息对称、选择多元且唯一最优解等系列假设条件下，劳动力迁移类似于市场经济行为决策，倾向选择公共服务与个性需求最为匹配的城市迁入，以期实现效用水平最大化的帕累托最优状态，构成了公共服务供给与社会需求偏好精准对接的理论工具。根据"以脚投票"的发展逻辑，劳动力迁移并非盲目追求公共服务最优的城市，而是充分考量个体的主观与客观需要，选择匹配程度最高的城市迁入，进一步体现了劳动力市场匹配效应的理论影响。基于劳动力的人力资本存量特征，劳动力迁移的本质为劳动力供给与市场需求的有效衔接而实现"能者居其位"。但由于信息不对称现象的存在，市场无法直接观测劳动力的实际生产率水平，而只能通过学历门槛、工作经验等附加条件区分不同劳动力的内在能力，进而实现了劳动力迁移的路径筛选。因此，亚当·斯密的人力资本效应观点强调，知识技术的生产性投资最终形成了劳动力个体的人力资本存量增值，被视作弥补收入差距的重要手段，进一步解释了劳动力更加青睐公共服务供给的高质量城市，通过改善代际收入条件实现高质量发展（见图2.5）。

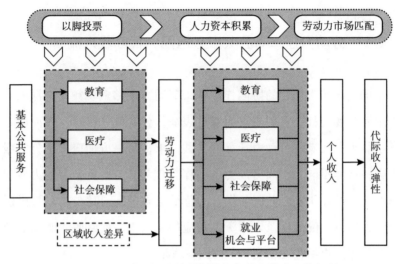

图2.5 代际收入理论的收入分配与代际转移运作机制

因此，在收入分配与代际转移的运作机制中，基于父代的财富资本与人力资本积累，子代的发展函数最终取决于市场要素与公共要素的双重回报，即资本投入水平与投入质量直接作用于子代的人力资本存量。其中，区域间收入差异是劳动力迁移的直接驱动因素，但在市场化作用之外，教育、医疗等公共服务供给的核心要素也是劳动力迁移的重要参考。在代际流动过程中，公共服务质量优越的城市往往具备更为全面的晋升与发展平台，在为劳动力带来高水平实际经济收入的同时，充分的社会保障也形成了隐性的个体收入来源。因此，在父代收入相对成型的条件下，劳动力迁移成为打破阶级固化而实现优化代际收入的有效工具，子代能够依托更为公平高效的人力资本增值实现跨越发展，从而达到降低代际收入弹性，满足经济发展需要与公共服务需求的迁移目标。

第 3 章

我国公共服务的功能定位及发展历程

3.1 我国公共服务的功能定位

3.1.1 公共服务的功能及定位

公共服务均等化关系到分配正义、公共认同等政治价值理论，价值立场将影响后续公共服务均等化的发展方向；价值定位也会影响到后续的目标规划与基本的路径确认，进一步影响详细的制度规划；明确公共服务均等化的价值定位有利于凝聚共识、调和理念，为顶层设计提供理论支持（张贤明、高光辉，2012）。

（1）社会公正

公共服务旨在满足全体社会成员生存、发展的"根本权益"和"底线需求"，由政府供给，为所有公众提供配套的"兜底"，为其提供与社会经济发展状况相适应的基本发展起点。现代政治学理论将社会公正归结为两个方面：权利和平等。基于权利的视角来分析，其代表着全体的个体都拥有不得剥夺的基础权利，即便在不同发展时期，不同群体关于基础权利的认知也有一定的区别，但都可以归入到共识性的范畴。从平等的角度看，社会公正主张每个社会成员享有机会平等。一个人出生于什么样的家庭、具有什么样的天赋、生长在什么样的环境，这些都不是个人可以决定的，而这些偶然因素却对个人的发展、成就起到重要作用。对于公正的环境而言，则需要依靠制度的构建来减少偶然要素构成的影响，尤其是对此类因素居于弱势的群体，为其提供相应的扶持措施，使全体社会成员获得一个公平的人生起点。

（2）成果共享

成果共享，即全体人民共享其参与创造出来的改革发展成果。首先，公共服务均等化是重新调整利益分配格局，市场手段无法发挥作用即市场失灵，提倡改革成果共享的价值理念，能够发挥政府在推行公共服务均等化过程中的主导作用。其次，成果共享意味着要向基层、农村、欠发达地区和弱势群体转移资源，这也是公共服务均等化的应有之义。最后，如果改革发展成果共享的理念成为社会共识，那么推进公共服务均等化的阻力将会减小，从而降低均等化过程的政治成本和社会成本。

（3）人的尊严

在推进公共服务均等化的过程中，不仅要利用各种量化指标从宏观上综合衡量公共服务均等化的程度，还需要考虑均等化的促进效果，可否令所有个体都得到更加优秀的生活体验、更良好的尊严感。这意味着，不仅要满足社会成员的基本物质需求，让每个人过上体面的生活，还要设计具有人文关怀的制度体系，注意减少排斥和歧视，防止公共服务均等化推行过程中导致的排斥和歧视。

（4）基本公共服务均等化是政治合法性的基础

"政绩困局"（dilemma of political achievement）指出"威权政府的合法性是建立在政绩的标准上的，如果不能有好的政治，将失去合法性，如果政治好了，也将失去合法性"（亨廷顿，1988）。政府无法维持经济的长期稳定增长，单纯依靠政治无法保证执政党的合法性基础，需要寻找其他的合法性来源。而公共服务均等化能够为全体社会成员提供兜底的公共服务，保障公民的基本生存、发展权利，平衡城乡之间、群体之间和区域之间的差异，缓解社会矛盾，提高民众对社会、政府的认同感和政治稳定性，也提高政府的执政合法性。

3.1.2 公共服务的目标及原则

（1）公共服务的目标是均等化

改革之后的整体发展进程中，政府投入持续增长，多个区域与群体间服务效用差距不断减小，但公共服务差异仍然较为显著。积极推进均等化，一方面有助于优化民生、应对所存在的贫困问题，确保所有公众都可以享有改革的红利，另一方面也有助于缩减贫富间的差值，实现更为理想的公正状态。所以将全方位增加配套的公共服务水平，尽可能缩减多方面所存在的差值，作为未来加强均等化建设的核心目标（张薇，2019）。2012 年国务院颁布的《国家公共服务体系"十二五"规划》中，将机会均等作为公共服务均等化的核心。《"十三五"推进公共服务均等化规划的通知》提出，政府的重要职责是保障人人享有公共服务。2018 年，中央深化改革领导小组审议通过了《关于建立健全公共服务标准体系的指导意见》并指出，我国到 2035 年将基本实现公共服务均等化。

（2）公共服务的原则

基础性原则。公共服务保障的是居民最基本的生存与发展的权力。以医疗服务为例，医疗卫生服务体系源于居民对生存和健康的需求，为居民提供生存、健康服务，事关居民最基本的生存权、健康权。公共服务的 8 项内容保障的都是公民的"基本"公共服务权利。

公益性原则。政府为全体居民提供的公益性公共服务，不能适用市场交换原则。以医疗卫生体系为例，医疗资源总是有限的，普遍可及性指的是城乡居民能够方便地接入基本医疗卫生服务，即医疗卫生资源的公平配置。普遍可负担性指的是通过完善新型农村合作医疗、城镇居民基本医疗保险、城镇职工医疗保险和城乡大病救助等方式降低居民个人医疗负担。

均等性原则。具体表现为政府要为每位社会成员提供平等地享受公共服务的机会（凌茹、刘家望，2013）。根据罗尔斯《正义论》的"最大最小"（maxmin）观点：基于平等自由原则，公共服务在群体之间确实存在差异，但是政府提供的公共服务需要帮助改善社会最弱势群体的状况；公共服务供给水平是平均的，即底线完全平等（Rawls，2009）。

3.2　我国公共服务的发展历程

3.2.1　改革开放以前：城乡分割下低水平发展

在新中国成立之前，我国的基础教育、卫生医疗、社会保障等公共服务基本空白，偶尔有零星的民间爱心人士济病扶贫，没有形成有组织化的公共服务供给（翁士洪，2019）。

新中国成立后，《中国人民政治协商会议共同纲领》在总纲、行政机关、经济以及文教等多个维度形成了较为详细的规范，明确指出政府提供相应服务的基本目标、范围以及相应制度支持，新中国的公共服务供给模式初步确立，这一模式分别以城市和农村为供给对象，建立起城乡分割的二元公共服务体系。根据这一制度，在发展的过程中对城市环境，着手构建了"铁饭碗"等配套的服务体系，通过国家的力量来确保城市居民可以享有全方位的服务支持；农村环境则依靠集体的方式来解决多方面的诉求：第一，依靠土改策略确保农民可以得到相应的生产资料，家庭能够依靠配套的生产活动来解决基础诉求；第二，1956 年社会主义改造完成后，农民可通过集体享有配套的保障措施，涵盖文体、救助以及医疗等多个领域。对于多个维度的公共服务，在配套的章程规范中都有明确的内容，这些制度规范共同构成了适用于农村环境的"五保"体系。

到了"大跃进"时期，受到"大跃进"和平均主义的影响，这一时期的公共服务供给也出现"大跃进"的趋势。1958 年，中共中央和国务院发出《关于教育工作的指示》，号召广大工农阶级以及社会各界代表集中力量，奋勇争先，加快教育的推广活动，努力消除文盲以及半文盲，培养一支更大覆盖面积的知识队伍，坚决走"又红又专"的道路。在广大的农村区域，因为从高级社不断向人民公社发展进步，因此在 1958 年发布的《人民公社问题的决议》文件中，提出做好食堂、学校、理发室等全面的协调和管控工作，让人民群众感受到社会主义的优势。不过这个时期的国家政策存在一定的不合理性，偏离了实际发展的情况，片面注重人的主观能动性，忽略了客观规律的作用，国家财政的压力大大提升。进入 60 年代后，国家出台了相应的纠偏方案，逐渐使公共服务的提供回归到正常的路线。

1966~1978 年"文革"及"文革"后两年，由于受到"文革"的冲击，公共服务供给水平下降。根据测算，"文革"时期文教卫生科学事业费只占到总体财政支出的 9.2%（李杰刚、李志勇，2012）。

通过以上梳理可以发现，新中国成立到改革开放近 30 年间，中国的公共服务供给有以下几个特征：首先，与高度集中的计划经济体制相配套，形成了高度集中的公共服务体制。在城市，国家通过统支统收的财政体系，利用

"企业办社会"的方式由企事业单位为城市居民提供公共服务。在农村，主要由人民公社提供公共服务。其次，城乡有别。国家财政保障城市居民的社会保障和福利、生活补贴，而对农村居民保障较少，而且城市的公共服务水平要明显高于农村居民。最后，改革开放以前的公共服务供给是一种低水平的平均，因为经济发展水平较低，国民积累主要被用于工业体系建设，对公共服务供给的投入较少，种类有限，主要集中在义务教育、公共卫生、农业生产服务、社会救济等方面。同时，受到平均主义的影响，个体享受的公共服务水平差异不大。高度集中、城乡分割、低水平平均是改革开放以前中国公共服务供给体制的主要特点。

3.2.2 1978～1993 年：政府倡导下的自主性发展

改革开放以后，高度集中的计划经济体制和传统公共服务体制逐步解体。在城市，国家将财权和事权下放到地方，如《关于教育体制改革的决定》和《关于农村基础教育管理体制改革若干问题的意见》均对义务教育的发展作出规定，同时强调了农村教育发展的关键价值。此外，将国有企业的生产经营和生活服务功能分离，公共服务领域的市场化趋势更加明显。在农村，由于家庭联产承包责任制的"政社分离"，农村公共服务的供给主体逐渐转向乡镇一级政府和行政村。财政支出来源主要是"三统筹五提留"，人民公社的解体也导致村集体资产急剧下降，乡镇一级政府财政收入有限，农村公共服务供给水平快速下降。

由于政府从管理和资金上发展公共服务的力度有限，此阶段政府倡导社区和居民以老、孕、残等社会主体为重点服务对象，形成了尊老爱幼的社会风气，以此实现社区和居民自发发展社会福利事业。此阶段的公共服务发展多以帮扶为主，以自发性为基础，具有规模小、范围广的特点，但是公共服务的内容有限，未形成完整的公共服务体系。

3.2.3 1994~2005 年：部门联合下的产业化发展

在此期间，城市的国有企业为了建立现代企业制度，进行了大规模的国有企业改革，城市公共服务逐渐由企业转向企业和政府，为了保障大量从国有企业剥离出来的职工，我国开始实施社会保障制度、劳动力市场制度、医疗保险制度建设。在农村，1994 年分税制改革后，乡镇一级的财源枯竭，而中央的事权不断下放，为了解决农村公共服务供给严重不足、农民税负过重、农村公共服务供给"制度外筹资"等问题，1996 年以后在农村建立最低生活保障制度，并自 2000 年开始，我国逐步确立了农村公益事业一事一议的原则。由于社会经济压力的积累推动与科学发展观的正确指导，2003 年中共中央十六届三中全会突破了政府主导经济发展的片面认识，明确了政府的公共服务职能（李春，2010）。以 2003 年"非典"等突发性事件为契机，我国开始推进公共服务体系建设（姜晓萍、邓寒竹，2009）。此后确立了以医疗、教育、交通等要素构成的公共服务体系，截至 2005 年底，我国社区公共服务中心建设超过 8000 个，在政府资金支持和管理完善基础上，我国的公共服务供给爆发式增长。

3.2.4 2006 年至今：市场机制下的社会化发展

在此期间，国家开始重视统筹城乡发展，2006 年全面废除农业税标志着城市开始反哺农村，国家开始建立并推广新型农村合作医疗制度。这个阶段的另一个重要特征是强调均等化，2006 年"十一五"规划中正式提出了"公共服务均等化"。此后中共十九大报告中提出，后续需要创建更加完善的公共服务系统，扩大覆盖面，维持群众的基础生活，积极回应群众对于美好生活的需求。提升社会公平正义，实现更加高效、更加长远和持续性的社会保障，到 2035 年基本实现公共服务均等化。在"十二五"和"十三五"规划中，我国先后制定并实施了两部国家级公共服务规划，实施了公共服务项目清单。

2006 年以后，我国公共服务供给逐渐从政府绝对主导转变为政府相对主导、社会参与的模式，在财政政策上，从纵向转移支付转变为横向转移支付，考虑到财政经费有限，不断进行市场化改革，引入社会资本，通过社会资本参与优化公共服务的资金和结构。

3.3 本 章 小 结

梳理改革开放后的公共服务系统的演变路径，我国的公共服务供给体制转轨过程呈现以下特点：

（1）无论是农村公共服务供给体制中的新农村合作医疗，还是城市公共服务供给体制中的企业生产职能与生活职能相分离，发展过程都是逐步推动。在试点的基础上，积累和梳理经验，随后不断推广到更大范围。

（2）从区域失衡到区域均衡发展的过程。1994 年分税制改革以后，中央财政收入水涨船高，而地方性财政捉襟见肘。由于地区间经济发展差异，城市与乡村、东部沿海与中西部内陆省份之间的财政收入差异扩大，导致地区间的公共服务供给水平存在显著差异。自 2006 年提出公共服务均等化以后，在中央、地方政府的共同努力下，区域间的差异有所降低。

（3）经历了政府缺位到政府归位的过程。1949 年新中国成立以前，缺少有组织、成体系的公共服务供给（见图 3.1）。新中国成立以后到改革开放之前的 30 年里，一直都是政府单一主导公共服务供给；改革开放以后，政府工作重心转向经济建设，将大量事权和财权下放到地方，公共服务供给出现"真空"，非营利组织介入并发展壮大。2003 年以后，新一届中央领导集体开始重视政府的公共服务职能，一是经过一段时间的高速发展和财权收归中央，中央具备了提供公共服务的能力；二是政府长期缺席公共服务供给，贫富差距扩大，社会矛盾激化，促使中央政府对公共服务兜底，政府决策开始归位，当然，这一阶段主要是"补缺服务"，填补历史欠债。未来，我国的公共服务供给体制将转为定制式公共服务供给模式，即以政府为主导，政府与非营利组织合作的公共服务供给新体制。

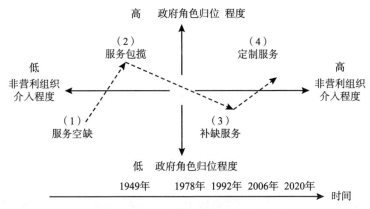

图 3.1　中国公共服务供给体制变迁过程

资料来源：翁士洪. 改革开放 40 年中国公共服务供给的制度变迁 [J]. 云南大学学报（社会科学版），2019，18（3）：102 - 109。

京津冀协同发展背景下公共服务
水平测度分析

作为我国三大城市群之一，京津冀城市群与珠三角城市群、长三角城市群相比，河北与北京、天津两市的发展差距过大。截至 2018 年底，河北省常住人口 7556 万人，是北京的 3.5 倍，是天津的 4.8 倍，但是其人均 GDP、人均财政收入、人均财政支出等指标却不足后两者的 40%。2018 年河北省的城镇化水平为 56.43%，低于全国平均水平的 59.58%。在一些公共服务指标如人均教育经费支出、人均拥有床位数等指标上，河北省也与北京、天津两市存在不小差距。因此，从总体上来看，京津冀相较于珠三角和长三角，北京、天津、河北三地之间的差距制约了京津冀区域的整体发展。为此，国家、省市层面都出台过不少政策，试图缩小这些差距。

4.1 京津冀协同发展现状分析

1986 年，在时任天津市市长李瑞环的倡导下，环渤海地区 15 个城市共同发起成立了环渤海地区市长联席会，此后在"2＋8"京津冀都市圈区域规划、"首都经济圈"发展规划中不断细化。2014 年 2 月，习近平总书记对京津冀一体化发展的一系列发展构想进行了批复，提出实现京津冀协同发展是一个重大国家战略。同年 8 月，国务院牵头成立了京津冀协同发展领导小组，对于发展过程中的一系列事项进行全面规划和部署；在 2015 年中共中央、国务院印发实施《京津冀协同发展规划纲要》，这是该区域发展的重要纲领性文件。公共服务设施的一体化运作是对北京城市新功能的重新定位，是实现新环境下城镇化发展、不断缩小差距、实现地区发展协调的关键举措，也是外部环境的必然要求。在后续的发展阶段，对于公共服务领域的信息进行改革调整，京津冀范围内不再收取长途话费以及漫游费用，并出台了《京津冀协同发展交通一体化规划》等方案，对于不同产业的发展问题进行全面规划。《中华人民共和国国民经济和社会发展第十三个五年规划纲要》和 2016 年 6 月召开的关于产业转移的专项会议，对于疏解首都城市功能，实现产业的一体化运作指明了新的发展方向。2016 年在 11 月京津冀三地民政部门共同签署《京津冀民政事业协同发展合作框架协议》，区域内部的产业转移过程进一步加快。

在教育文化领域，《京津冀教育协同发展行动计划（2018—2020）》明确要进一步推进京津冀教育协同发展；在医疗卫生领域，河北省 400 多家二级以上医疗卫生机构与京津开展了合作项目，而且合作内容从单一的医务人员交流深入到专家坐诊、科室协作、整体托管等方式；在社会保障领域，先后制定了一系列政策，推动医保机构互认、异地就医、工伤保险互联互通互认；

在基础设施建设领域，打通"断头路"，建设环首都一小时交通圈，京津冀互联互通卡覆盖三地所有地级市；在环保工作领域，2019年达成了很多重要的合作条约，京津冀在环境污染治理、环境保护监管及环保标准确立等领域达成重点合作（田学斌、陈艺丹，2019）。

虽然京津冀一体化进程已经取得了很大进展，但是目前仍然存在公共服务水平差距过大、均等化制度与评估体系不健全等问题，下面本书将从7个方面选取33个指标构建指标体系，定量分析2001~2018年京津冀地区公共服务区域差异。

4.2 京津冀公共服务水平测度指标体系构建

4.2.1 指标选取

有学者立足于地级市尺度探究了中国公共服务空间差异格局和质量特征（马慧强等，2011），但是指标的使用较为粗糙，不够精细，其中人均供水量、人均用电量、人均煤气和液化气供给量等指标包括工业用量和居民生活用量，本书研究的是城市公共服务，应当将反映工业生产规模的工业用量排除，因此使用居民生活用量除以年平均人口得到的人均居民生活用量可以提高精确度。同时，已有研究的指标虽然比较全面，但是缺少对信息化水平的测量；有的研究对指标的划分不够严谨，如把文化和教育设施与城市基础设施划分到一起。某些方面的指标偏少，如环境保护只有城市建成区绿化覆盖率一个指标，人均工业废水排放量、城市工业二氧化硫等重要指标没有纳入进来（李斌等，2015）；还有研究只分析了河南一省2011年地级市尺度的公共服务均等化水平，且只设计了三个一级指标，忽略了基础设施、生态环境保护、信息化等方面的重要信息（翟羽佳，2013）；范柏乃等计算了 2005 ~ 2012 年浙江省各地级市的公共服务水平，但是他们使用的是总量指标如城市供水总量，而非人均指标，没有排除人口规模和经济规模的影响，而且某些指标选择并不合理，如中小学生数量只能体现城市年轻人口规模，并不能体现基本教育资源的供给水平（范柏乃等，2015）；王新民和南锐（2011）的研究指标虽然很全面，划分得也很细，但是是以省区尺度为研究对象，研究颗粒度不够细，而且省区尺度一年的数据比较容易获取，如果细到地级市尺度许多指标如职业介绍成功率、医师日均担负诊疗人次等就难以获取，也不利于不同研究的讨论对话，毕竟选取的评价指标不一样；南锐等（2010）综合评价了 2008 年 31 个省区市的公共服务水平，同样存在指标的问题，虽然指标很细，但是不利于比较和细化研究尺度；林闽钢和王增文（2013）分析了 2010 年江苏省各市的公共服务均等化水平，但是缺少对文化服务、生态环境保护和信息化水平的测量；魏福成和胡洪曙（2015）增加了公共安全二级指标，拓展了交通运输指标和教育指标，该研究是基于省域尺度的，数据较容易获取，但如果细化到地级市一级或者区县一级，这些指标就很难获取；韩增林等（2015）研究了 2012 年中国 31 个省区的城乡公共服务水平的差异，测量指标较为客观可行，但还缺少环境保护指标；卢小君和张新宇（2017）主要关注中小城市的公共服务均等化水平，但是同样缺少环境保护、基础设施和信息化水平三个指标。

综合公共服务均等化水平的指标选取，基本会包括基础教育、卫生服务、文化服务、社会保障四个二级指标，三级指标也大同小异，只是在测量的精确度上有所差异。近年的研究一般会加入生态环境保护和信息化水平两个较新的二级指标，以反映新的时代要求。生态环境保护已经被写入中共十八届三中全会公报，成为国家的重大战略决策。在 5G 即将正式商用的时代，电子商务、短视频、网约车等网络商业形态已经渗透到城市与乡村居民生活的方方面面，信息通信设施已成为信息化时代的新的公共服务设施。基于以上考虑，本研究加入生态环境服务和信息化水平两个新的二级指标，以更全面、更精确地测量新时代下京津冀的公共服务水平。同时考虑到三级指标的可得性和科学性，设计京津冀公共服务评价指标体系如表4.1所示。

表4.1　　　　　　　　京津冀地区公共服务水平测量指标

二级指标	三级指标	变量	计算方式
教育服务	万人教育财政支出（元）	x_1	教育支出/全市年户籍人口
	万人高校数量（所）	x_2	高校数量/全市年户籍人口
	万人普通中小学数（所）	x_3	中小学数量/全市年户籍人口
	万人中小学教师数（人）	x_4	中小学专任教师数量/全市年户籍人口
文化服务	万人科学技术支出（元）	x_5	科学支出/全市年户籍人口
	每百人公共图书馆藏书（册、件）	x_6	公共图书馆藏书总量/全市年户籍人口
	万人影剧院数（个）	x_7	影剧院数量/全市年户籍人口
卫生服务	万人医院数（家）	x_8	医院数量/全市年户籍人口
	万人医院床位数（张）	x_9	医院床位数量/全市年户籍人口
	万人医师数（人）	x_{10}	医师数量/全市年户籍人口
社会保障服务	城镇登记失业率（%）	x_{11}	年末城镇失业（登记）人数/单位从业人员
	城镇职工基本养老保险参保人数占比（%）	x_{12}	医疗参保人数/全市年末户籍人口
	城镇职工基本医疗保险参保人数占比（%）	x_{13}	养老保险参保人数/全市年末户籍人口
基础设施服务	人均家庭生活用水量（立方米/人）	x_{14}	居民生活用水量/市辖区年户籍人口
	居民人均生活用电量（千瓦小时）	x_{15}	居民生活用电量/市辖区年户籍人口
	人均煤气家庭用量（立方米）	x_{16}	煤气家庭用量/市辖区年户籍人口
	人均液化石油气家庭用量（吨）	x_{17}	液化石油气家庭用量/市辖区年户籍人口
	人均城市道路面积（平方米）	x_{18}	年末铺装道路面积/市辖区户籍人口
	每万人拥有公共汽车（辆）	x_{19}	年末实际运营公共汽车数/市辖区户籍人口

二级指标	三级指标	变量	计算方式
生态环境服务	人均绿地面积（平方米/人）	x_{20}	绿地面积/全市年末户籍人口
	建成区绿化覆盖率（%）	x_{21}	建成区绿地面积/建成区面积
	污水处理厂集中处理率（%）	x_{22}	生活污水达标排放量/生活污水产生量
	生活垃圾无害化处理率（%）	x_{23}	生活垃圾达标排放量/生活垃圾产生量
	一般工业固体废物综合利用率（%）	x_{24}	工业固体废物综合利用率
	工业废水排放达标率（%）	x_{25}	工业废水达标排放量/工业废水产生量
	万人工业二氧化硫排放量（吨）	x_{26}	工业二氧化硫排放量/全市年末户籍人口
	万人工业粉（烟）尘排放量（吨）	x_{27}	工业粉（烟）尘排放量/全市年末户籍人口
信息化服务	万人邮局数（处）	x_{28}	年末邮政局（所）数/全市年末户籍人口
	人均邮政业务量（元）	x_{29}	邮政业务总量/全市年末户籍人口
	人均电信业务量（元）	x_{30}	电信业务总量/全市年末户籍人口
	人均固定电话数（户）	x_{31}	本地电话用户数/全市年末户籍人口
	人均移动电话数（户）	x_{32}	年末移动电话数/全市年末户籍人口
	人均互联网接入数（户）	x_{33}	国际互联网用户数/全市年末户籍人口

4.2.2　数据来源

本章的数据来源主要是 2001～2018 年的《中国城市统计年鉴》，社会保障服务指标下的数据来自《中国劳动统计年鉴》和《中国民政统计年鉴》，对于研究中的一些数据处理说明如下。

（1）年末户籍人口和年平均户籍人口

结合《中国城市统计年鉴》，年平均人口一般是将 12 个月月末户籍人口加总，再除以 12，是综合反映年内人口规模的主要指标，也是计算出生率、死亡率、自然增长率、人均国内生产总值等经济指标的必要指标。因此在计算诸如万人财政教育经费支出、每百人影剧院人数等指标时，年平均户籍人口比年末户籍人更为科学。但是在《中国城市统计年鉴》中，2010～2018年统计了年末户籍人口和年末平均户籍人口，2000～2009年只统计了年末户籍人口，为了数据的可比性，本研究统一采用年末户籍人口。在实际的统计工作中，统计机构经常根据年初人口加年末人口除以2得到年平均户籍人口。通过对比两个指标，发现其数据差异很小，所以在此统一选用年末户籍人口。

（2）中等职业教育学校

相关统计年鉴中，2012～2018年包括中等职业学校数量、中等职业学校专任教师人数和中等职业学校在校学生数量三个指标，但是在2010年、2011年的统计年鉴中，只包括中等职业学校在校学生数量一个指标，2001～2009年不包括任何中等职业学校的指标，因此在计算基础教育质量时，不考虑中等职业学校指标。

（3）登记失业率

登记失业率指在报告期末城镇登记失业人数占期末城镇从业人员总数与期末实有城镇登记失业人数之和的比重。由于石家庄市2017年登记失业人员数据缺失，本研究以2016年的数据代替。

（4）基础设施

在计算人均道路铺装面积、每万人拥有汽电车数量、居民人均生活用水量等基础设施指标时，因为这些指标只统计市辖区范围内的数据，所以需要用总量指标除以市辖区的户籍人口总数。

（5）生态环境保护

2001～2006年市辖区人均绿地面积（平方米／人）＝公园绿地面积/市辖区年末户籍人口；2006～2018年市辖区人均绿地面积（平方米／人）＝绿地面积（公园绿地面积＋公共绿地面积）/市辖区年末户籍人口；2001～2003年生活污水处理率、生活垃圾处理率和固体废弃物处理率由2004年的相应指标代替。

（6）信息化水平

2018 年固定电话年末用户数、年末邮政局数，由 2017 年相应数据代替；2001 年末邮政业务量、年末电信业务量、年末移动电话数、国际互联网接入用户数由 2002 年相应数据代替。

4.3 基于熵权 TOPSIS 法的京津冀公共服务水平测量

4.3.1 测量指标一致性系数计算及筛选

鉴别力分析指评价指标区分评价对象的特征差异能力，当某些指标无法系统区分评价对象时，表明该指标缺乏鉴别力，应予以剔除，计算方法通常采用内部一致性系数（见式（4.1））：

$$V_i = X/S_i \qquad (4.1)$$

其中，X 表示所有指标 X_i 的平均值，S_i 是 X_i 的标准差。V_i 值越大，表明内部一致性越统一，即指标的鉴别力越低，应考虑删除（陈国宏等，2008）。

借鉴王新民和南锐（2011）、陈国宏（2008）的研究，本研究将一致性系数的临界值设为 7，数值大于 7 的指标将被删除，小于 7 的数值将被保留。33 个指标中，万人中小学教师数（x_4）、污水处理厂集中处理率（x_{22}）、生活垃圾无害化处理率（x_{23}）、工业废水排放达标率（x_{25}）和建成区绿化覆盖率（x_{21}）这五个指标大于 7（见表 4.2），但这五个指标在衡量地区公共服务水平时起到不可忽视的作用。同时考虑到污水处理厂集中处理率等四个指标为百分比指标，本来样本之间的变化就比较小，而且如果不按年份计算一致性系数时，这四个指标值都小于 7。而万人中小学教师数则代表了一个地区的教育质量，是衡量地区基础教育水平的重要指标，综合考虑之后，将这 33 个指标全部保留。

表 4.2　　京津冀地区 2001～2018 年各指标一致性系数

变量	2001年	2002年	2003年	2004年	2005年	2006年	2007年	2008年	2009年	2010年	2011年	2012年	2013年	2014年	2015年	2016年	2017年	2018年
x_1	0.52	0.56	0.58	1.17	0.42	1.17	1.10	1.10	1.23	1.19	1.12	1.18	1.23	1.10	1.05	1.16	1.22	1.30
x_2	1.04	1.05	1.12	1.10	1.02	0.98	1.00	0.99	1.05	1.01	1.06	1.07	1.06	1.10	1.11	1.11	1.14	1.12
x_3	3.57	3.02	3.33	3.22	3.30	3.39	3.78	4.19	4.35	5.30	5.32	5.25	5.17	5.23	5.05	5.23	5.39	5.65
x_4	14.76	14.60	13.99	14.10	14.25	15.19	16.36	15.58	13.84	15.15	15.05	15.06	14.09	14.19	14.35	16.93	16.43	14.11
x_5	0.39	0.40	0.40	0.42	1.16	0.41	0.41	0.44	0.45	0.46	0.43	0.46	0.49	0.48	0.47	0.46	0.51	0.47
x_6	0.58	0.56	0.56	0.57	0.57	0.58	0.58	0.59	0.59	0.58	0.58	0.58	0.59	0.59	0.61	0.66	0.59	0.94
x_7	0.73	0.81	0.82	0.70	0.77	0.79	0.61	0.70	0.63	0.83	0.97	1.02	0.88	0.77	0.75	0.75	0.76	0.76
x_8	4.06	4.11	3.76	3.77	3.86	3.77	3.88	4.69	4.67	5.04	5.22	5.44	2.48	4.09	4.51	5.28	4.95	3.16
x_9	2.09	2.12	2.16	2.19	2.00	2.08	2.45	2.47	3.01	2.93	3.15	3.47	3.17	2.99	3.70	4.01	4.34	3.29
x_{10}	1.76	1.80	1.86	1.77	2.28	1.77	2.25	2.11	2.11	1.97	1.98	1.92	1.84	1.89	1.86	1.83	1.97	2.24
x_{11}	1.71	1.73	1.63	2.32	2.37	1.77	1.84	2.76	2.83	2.77	2.55	2.61	2.62	2.25	2.29	2.54	0.98	2.05
x_{12}	5.29	5.29	5.29	5.29	6.54	6.07	5.45	5.45	5.45	5.45	5.45	0.99	0.97	0.97	0.94	0.98	0.95	1.04
x_{13}	2.03	2.03	2.03	2.03	3.01	2.29	1.53	3.92	4.80	5.06	5.06	1.36	1.11	0.84	1.06	0.80	0.80	0.79
x_{14}	4.01	3.37	5.01	3.50	3.44	2.44	2.92	3.73	4.42	4.52	3.30	2.88	2.92	2.91	2.15	2.83	1.88	1.88
x_{15}	2.58	2.73	2.30	2.53	2.89	2.72	2.80	2.57	2.22	2.24	2.66	3.03	2.70	2.98	2.65	2.55	2.21	1.61
x_{16}	1.14	1.20	1.76	1.58	1.71	1.69	1.46	1.22	1.17	1.12	1.36	1.62	1.45	1.38	1.02	1.30	1.59	1.82
x_{17}	1.92	2.00	1.87	2.04	1.51	1.72	2.10	1.72	1.54	1.43	1.39	1.73	1.42	1.31	1.15	1.24	1.13	0.75

续表

变量	2001年	2002年	2003年	2004年	2005年	2006年	2007年	2008年	2009年	2010年	2011年	2012年	2013年	2014年	2015年	2016年	2017年	2018年
x_{18}	3.97	3.12	2.92	3.55	4.03	3.71	4.10	3.66	3.46	3.23	3.61	3.39	3.40	3.45	3.37	4.33	3.90	3.83
x_{19}	1.87	2.03	1.87	1.78	1.65	2.20	2.51	2.94	2.78	2.07	2.23	2.55	2.91	2.63	2.31	1.86	1.39	3.00
x_{20}	1.96	2.17	2.43	2.53	2.54	2.99	2.70	2.55	3.15	3.10	3.31	3.55	3.48	3.36	2.00	2.96	2.26	0.96
x_{21}	3.46	4.41	5.16	5.72	5.79	7.18	3.23	6.18	7.35	7.28	7.69	7.95	7.85	7.51	3.20	6.22	4.81	12.07
x_{22}	2.28	2.28	2.28	2.70	4.14	3.72	4.24	4.27	9.18	17.89	20.18	14.38	15.08	20.20	17.65	14.94	20.47	44.96
x_{23}	2.87	2.87	2.87	1.70	2.80	2.88	2.88	2.83	4.72	3.52	17.72	4.03	4.06	4.03	3.37	8.38	37.19	56.48
x_{24}	3.01	3.01	3.01	3.01	2.35	2.52	3.48	3.19	3.18	3.61	0.31	2.75	2.11	2.66	2.86	3.69	3.74	3.46
x_{25}	2.70	8.79	13.19	16.79	27.10	17.10	7.61	8.70	19.56	49.05	94.27	94.27	94.27	94.27	94.27	94.27	94.27	94.27
x_{26}	1.74	1.73	1.73	1.72	1.66	1.80	1.80	1.74	1.65	1.69	1.69	1.60	1.62	1.66	1.69	1.60	1.43	1.01
x_{27}	1.00	0.99	0.99	0.99	1.47	1.47	1.54	1.36	1.28	1.26	1.39	0.84	0.87	0.83	0.93	0.35	0.68	0.77
x_{28}	2.28	2.12	2.38	2.13	2.07	1.82	1.96	1.82	1.62	1.77	1.73	1.85	1.53	1.52	1.84	2.63	2.68	2.69
x_{29}	1.18	1.19	0.75	0.71	0.83	0.82	0.84	0.90	0.73	0.69	0.80	0.81	0.96	1.19	0.97	1.01	0.98	1.04
x_{30}	0.70	0.71	0.85	0.85	1.02	0.88	0.75	0.70	0.66	0.64	0.60	1.06	1.05	0.97	0.75	0.70	0.58	0.75
x_{31}	1.38	1.71	1.83	1.88	1.86	1.70	1.88	1.85	1.83	1.59	1.49	1.49	1.46	1.43	1.39	1.29	1.32	1.32
x_{32}	0.89	0.90	0.94	1.19	1.25	1.38	1.48	1.79	2.19	2.16	2.17	2.11	1.88	1.96	1.65	1.73	2.08	2.34
x_{33}	0.98	0.98	0.71	0.74	0.86	0.87	0.94	0.97	0.91	0.93	1.28	1.64	1.69	2.02	0.98	0.90	3.73	3.97

4.3.2 熵权 TOPSIS 方法

选取 7 个二级指标后，需要将这些指标加权汇总计算出每个年份每个城市的公共服务水平综合得分，目前对二级指标进行加权的方法主要有四种（张欣然、刘晔，2012）：第一种方法是综合评价法（comprehensive evaluation，CE）。综合评价法没有说明每个指标的权重或者默认每个指标的权重相同，即为 1（安体富、任强，2008；刘成奎、王朝才，2011；魏福成，2015）。这一方法等价于没有赋权，所以在实际研究中应用较少；第二种方法是层次分析法（analytic hierarchy process，AHP），主要用于决策结构较复杂，决策准则较多且不容易被量化的问题，是一种主观赋权方法，需要通过询问业内权威专家等方法确定每一层级的指标权重，依赖于打分专家的水平，主观性较强，因此应用范围较窄（王新民、南锐，2011；彭尚平等，2010；郭晗、任保平，2011；翟羽佳，2013；林闽钢，2013）；第三种方法是数据包络分析（data envelopment analysis，DEA）（陈昌盛、蔡跃洲，2007；龚锋，2008；林阳衍，2014）。第四种方法是熵权 TOPSIS 方法，其中熵权法是一种客观赋权方法，它根据各个指标提供信息量的大小来确定权重（卢小君、张新宇，2017；马慧强等，2011；李斌等，2015；欧向军，2008）。而熵权 TOPSIS 是熵权法和 TOPSIS 方法的结合（南锐等，2010）。其基本思路是：设有 n 个评价单元，在本研究中为 2001~2018 年京津冀地区的 13 个地级市，所以 $n=13$，每个评价单元有 p 个评价指标（$p=33$），得到原始评价矩阵 $X=(x_{ij})_{n\times p}$，其中 $x_{ij}(i=1, 2, \cdots, 13, j=1, 2, \cdots, 33)$ 表示第 i 个评价单元第 j 个指标值。当然本研究应当分年份计算评价矩阵。

（1）原始评价矩阵数据无量纲化处理，得到规范矩阵 $X'=(x'_{ij})_{n\times p}$

因为不同指标单位不同，无法直接进行比较，需要采用极指标准化方法将单向指标进行无量纲化。这种方法的优点在于：①转化后的指标数据在 0~1 之间，便于进行下一步数学处理；②转化后的数据相对数性质较为明显；③所依据的原始数据信息较少，只需要单项指标中的最大值、最小值（安体富、任强，2008）。

正向指标的标准化公式见式（4.2）：

$$X'_{ij} = \frac{X_{ij} - \min x_{ij}}{\max x_{ij} - \min x_{ij}} \tag{4.2}$$

负向指标的标准化公式见式（4.3）：

$$X'_{ij} = \frac{\min x_{ij} - x_{ij}}{\max x_{ij} - \min x_{ij}} \tag{4.3}$$

其中，x_{ij} 表示第 i 个评价对象在指标 j 上的得分，$\min x_{ij}$ 是指标 x_{ij} 的最小值，$\max x_{ij}$ 是指标 x_{ij} 的最大值。

（2）利用熵权法，得到加权的评价矩阵 $X'' = (x''_{ij})_{n \times p}$

得到上述规范矩阵后，计算第 j 个评价指标 x_j 的熵值 E_j（见式（4.4））：

$$E_j = -k \sum_{i=1}^{n} f_{ij} \ln f_{ij}, \ f_{ij} = \frac{x''_{ij}}{\sum_{i=1}^{n} x''_{ij}}, \ k = \frac{1}{\ln n} \tag{4.4}$$

若 $f_{ij} = 0$，则 $f_{ij} \ln f_{ij} = 0$，说明该指标能够为决策者提供有效信息。计算第 h 个评价指标 x^j 的熵权 W_j（见式（4.5））：

$$W_j = \frac{1 - E_j}{p - \sum_{i=1}^{n} E_j}, \ 0 \leqslant W_j \leqslant 1 \ (j = 1, 2, \cdots, p) \tag{4.5}$$

加权后的规范评价矩阵：

$$Z_{ij} = X'' = (x''_{ij})_{n \times p} \tag{4.6}$$

其中，$x''_{ij} = x''_{ij} W_j (i = 1, 2, \cdots, 13, j = 1, 2, \cdots, 33)$。

（3）确定矩阵 Z_{ij} 的正理想解向量 Z^+ 和负理想解向量 Z^-（见式（4.7））

$$Z_j^+ = \max\{z_{1j}, z_{2j}, z_{3j}, \cdots, z_{nj}\}, \ Z_j^- = \min\{z_{1j}, z_{2j}, z_{3j}, \cdots, z_{nj}\} \tag{4.7}$$

（4）计算各评价单元与正理想解和负理想解的距离（见式（4.8））

$$D_i^+ = \sqrt{\sum_{i=1}^{p} (z_{ij} - z_j^+)^2}, \ D_i^- = \sqrt{\sum_{i=1}^{p} (z_{ij} - z_j^-)^2} \tag{4.8}$$

（5）计算各评价单元与最优值的相近接近度 C_i（见式（4.9））

$$C_i = \frac{D^+}{D_i^+ + D_i^+} \times 100\% \tag{4.9}$$

最后得到的 C_i 就是利用熵权 TOPSIS 方法计算得到的第 t 年第 i 个评价对象在指标 j 上的权重，利用这个权重，不仅可以算出 2001～2018 年京津冀总体的公共服务综合得分，还可以算出教育服务、文化服务、卫生服务、社会保障服务、基础设施服务、生态环境服务、信息化服务 7 个二级指标的综合得分，下面将对这一结果进行深入分析。

除了以上四种主流方法，还有一些学者利用主成分分析法、探索性因子分析法（EFA）、验证性因子分析法（CFA）、CRITIC 法（criteria importance through inter-criteria correlation）与层次分析法相结合，对公共服务均等化进行研究。

4.4　基于泰尔指数的京津冀区域公共服务水平测度

4.4.1　京津冀公共服务水平变化趋势

从总体水平上来看，首先，京津冀公共服务水平变化不大，从 2001 年的 0.201 增长到 2018 年的 0.215，中间某些年份甚至下滑到 0.2 以下；其次，京津冀公共服务水平差距巨大，北京的总体得分基本都在 0.9 以上，天津则在 0.3～0.5 之间，而河北长期在 0.1～0.2 之间，下面本研究将利用泰尔指数更精确地衡量这种区域差异（见表 4.3 和图 4.1）。

表 4.3 2001～2018 年京津冀总体公共服务水平

城市	2001年	2002年	2003年	2004年	2005年	2006年	2007年	2008年	2009年	2010年	2011年	2012年	2013年	2014年	2015年	2016年	2017年	2018年
北京	0.897	0.868	0.874	0.896	0.909	0.859	0.848	0.864	0.856	0.884	0.571	0.882	0.906	0.916	0.770	0.800	0.885	0.852
天津	0.362	0.390	0.367	0.360	0.380	0.384	0.413	0.424	0.473	0.487	0.575	0.428	0.468	0.452	0.491	0.489	0.456	0.440
秦皇岛	0.187	0.200	0.169	0.184	0.167	0.164	0.144	0.156	0.146	0.162	0.118	0.197	0.187	0.196	0.295	0.199	0.171	0.196
石家庄	0.161	0.154	0.152	0.157	0.154	0.160	0.155	0.169	0.147	0.148	0.121	0.175	0.179	0.169	0.154	0.136	0.152	0.242
承德	0.139	0.152	0.161	0.147	0.171	0.176	0.147	0.175	0.145	0.129	0.111	0.176	0.145	0.124	0.162	0.176	0.192	0.166
唐山	0.137	0.137	0.123	0.156	0.145	0.158	0.135	0.181	0.133	0.130	0.099	0.142	0.141	0.144	0.123	0.119	0.125	0.119
邢台	0.119	0.117	0.107	0.107	0.104	0.101	0.103	0.120	0.110	0.117	0.086	0.096	0.096	0.086	0.108	0.079	0.097	0.087
沧州	0.115	0.118	0.098	0.094	0.094	0.098	0.101	0.090	0.088	0.090	0.072	0.097	0.102	0.101	0.115	0.114	0.137	0.143
廊坊	0.114	0.122	0.121	0.156	0.148	0.150	0.139	0.170	0.130	0.149	0.119	0.158	0.160	0.164	0.136	0.142	0.195	0.182
保定	0.097	0.121	0.094	0.086	0.092	0.084	0.083	0.095	0.083	0.089	0.075	0.108	0.103	0.122	0.105	0.078	0.095	0.099
衡水	0.095	0.117	0.105	0.114	0.103	0.097	0.112	0.105	0.117	0.118	0.074	0.096	0.107	0.114	0.108	0.083	0.084	0.097
邯郸	0.094	0.107	0.096	0.103	0.109	0.115	0.118	0.104	0.099	0.105	0.071	0.111	0.120	0.090	0.082	0.094	0.056	0.072
张家口	0.093	0.096	0.092	0.112	0.142	0.134	0.113	0.116	0.111	0.115	0.095	0.121	0.097	0.094	0.107	0.120	0.124	0.104
河北省均值	0.123	0.131	0.120	0.129	0.130	0.131	0.123	0.135	0.119	0.123	0.095	0.134	0.131	0.128	0.136	0.122	0.130	0.137
京津冀均值	0.201	0.208	0.197	0.206	0.209	0.206	0.201	0.213	0.203	0.209	0.168	0.214	0.216	0.213	0.212	0.202	0.213	0.215

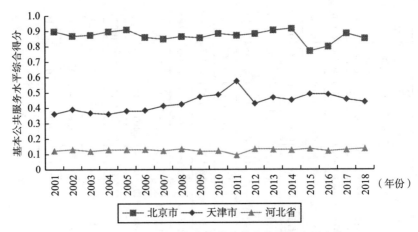

图 4.1　2001~2018 年京津冀总体公共服务水平变化

　　从二级指标看，河北省在教育服务、文化服务、卫生服务、信息化服务水平四个软环境方面远远落后于北京市和天津市。在社会保障方面，河北省在 2011 年之前与北京市和天津市不相上下，但是 2011 年以后，北京市和天津市的社会保障服务水平直线上升，而河北省则变化不大，甚至出现了下滑趋势，主要是城镇职工养老保险和医疗保险的参保人数比例出现了差距。河北省的优势在于硬件设施方面，如基础设施服务水平和生态环境服务水平。河北省的基础设施水平总体要优于天津市，河北省的人均道路面积甚至比北京还要高，每万人拥有公共汽车数量也要高于天津市，这也从侧面反映出北京和天津作为特大型城市面临着严重的交通拥堵问题；另外，河北省的平均生态环境服务水平总体高于天津市，其人均绿地面积、城区绿地覆盖率要高于天津，万人工业二氧化硫排放量则低于天津（见图 4.2 至图 4.13）。

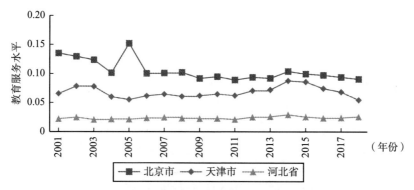

图 4.2　2001～2018 年京津冀教育服务水平变化

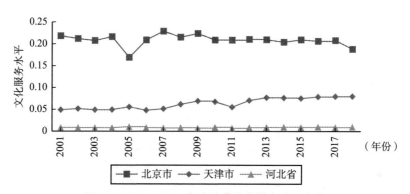

图 4.3　2001～2018 年京津冀文化服务水平变化

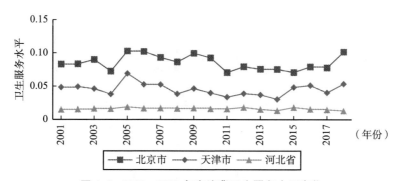

图 4.4　2001～2018 年京津冀卫生服务水平变化

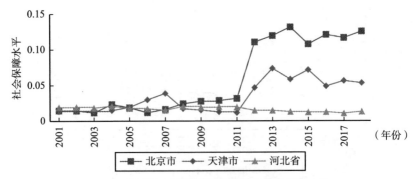

图 4.5　2001～2018 年京津冀社会保障水平变化

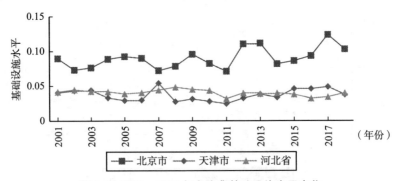

图 4.6　2001～2018 年京津冀基础设施水平变化

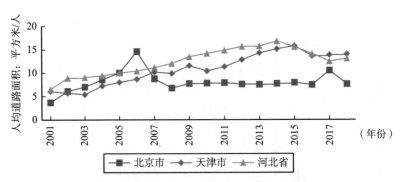

图 4.7　2001～2018 年京津冀人均道路面积变化

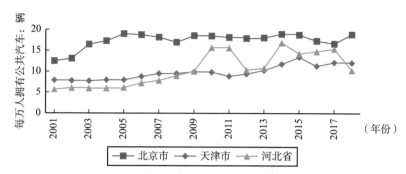

图 4.8　2001～2018 年京津冀每万人拥有公共汽车数量变化

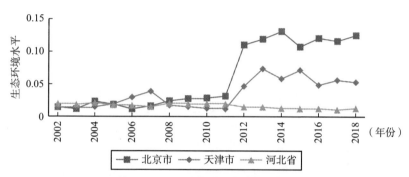

图 4.9　2002～2018 年京津冀生态环境服务水平变化

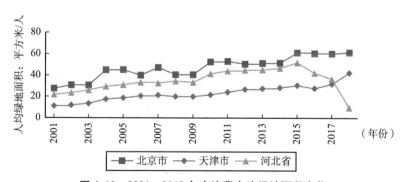

图 4.10　2001～2018 年京津冀人均绿地面积变化

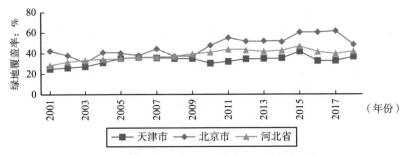

图 4.11　2001～2018 年京津冀绿地覆盖率变化

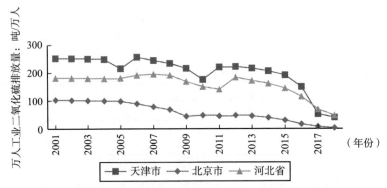

图 4.12　2001～2018 年京津冀万人工业二氧化硫排放量变化

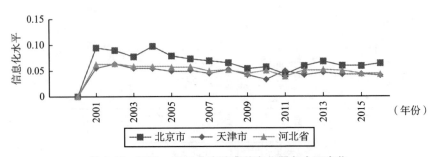

图 4.13　2000～2016 年京津冀信息化服务水平变化

总体而言，京津冀的公共服务水平差距巨大，河北省在教育服务、文化服务、卫生服务、信息化服务水平四个软环境方面远远落后于北京市和天津市，但是在某些硬件环境方面如人均道路面积则要优于天津市和北京市。

4.4.2 泰尔指数

用来衡量不均衡程度的统计指标包括标准差、变异系数、基尼系数、泰尔指数等。基于可加分解特性，泰尔指数能将总体差异分解为区域间差异与区域内差异，即京津冀总体差距以及河北、北京、天津的内部差距。因此，将该方法用于本研究能够观察组内差异和组间差异的幅度及方向变化，以及总体差异贡献率，比基尼系数、阿特金森尺度等描述区域间差异的指标更符合本研究的要求（赵伟、马瑞永，2006）。

泰尔指数（Theil index）或者泰尔熵标准（Theil's entropy measure）是由泰尔（Theil，1967）利用信息理论中的熵概念提出来的，最早用于计算国家间的收入差异，后来被广泛应用于计算各种尺度的区域收入差异，是广义熵（GE）体系中的一种特殊形式，也是应用最广泛的一种形式。本研究借鉴泰尔指数和分解结构的方法（Theil，1967；Bourguignon，1979；Cowell，1980；Shorrocks，1980），计算京津冀总体公共服务水平和 7 项三级指标的泰尔指数。具体公式如下：

泰尔指数主要包括以地区收入比例为权重的泰尔 T 指数和以地区人口比例为权重的 L 指数。泰尔指数为 0～1，数值越大意味着地区间的差异越大，数值越小意味着差异越小。如果某一地区收入水平所占比重与人口所占比重相等，即 Y_i/P_i 和 P_i/Y_i 都为 1，则对数值 0，泰尔指数为 0，表明区域之间没有差异，达到均衡状态。

$$T = \sum_{i=1}^{n} \left\{ Y_i \ln\left(\frac{Y_i}{P_i}\right) \right\}, \ n = 1, \ 2, \ 3 \tag{4.10}$$

$$T = \sum_{i=1}^{n} \left\{ P_i \ln \left(\frac{P_i}{Y_i} \right) \right\}, \ n = 1, \ 2, \ 3 \qquad (4.11)$$

其中，n 为分组的数量，Y_i 为第 i 个地区收入占地区总收入的比重，P_i 为第 i 个地区的人口占地区总人口的比重。

因为公共服务涉及居民最基本的民生需求，与地区人口数量关联性较强，与收入水平的关系较弱，因此本研究在参考相关资料的基础上（戚学祥，2015；邵燕斐等，2016；田学斌、陈艺丹，2019），采用地区人口比重加权计算泰尔 L 指数（见式（4.12））。

$$T = \sum_{i=1}^{3} \left\{ \frac{S_{ij}}{S} \ln \left(\frac{S_{ij} \mid S}{P_{ij} \mid P} \right) \right\}, \ i = 1, \ 2, \ 3; \ j = 1, \ 2, \ \cdots, \ 33 \qquad (4.12)$$

本研究将京津冀地区 13 个城市分为北京、天津、河北三组，因此 $n = 3$。其中，S_{ij} 为 i 地区第 j 个指标在 t 年的得分水平，S 为 t 年所有观测地区 j 指标的得分水平，P 是观测地区人口总数量，P_i 是 i 省或市的年末户籍人口数量。每个三级指标以及总体指标的具体得分由熵值 TOPSIS 方法加权得出（见式（4.13））。

$$T = T_b + T_w = \sum_{k=1}^{K} y_k \ln \left(\frac{y_k}{n_k/n} \right) + \sum_{k=1}^{K} y_k \left(\sum_{i \in k} \frac{y_i}{y_k} \ln \frac{y_i/y_k}{1/n_k} \right) \qquad (4.13)$$

为测算组内和组间差距贡献率，假设包含 n 个个体的样本被分为 K 个群组，每组分别为 $g_k(k = 1, \ \cdots, \ K)$，第 k 组 g_k 中的个体数目为 n_k。y_i 为个体 i 的收入份额，y_k 表示第 k 组的收入份额，T_b 与 T_w 分别为组间差距和组内差距，此时泰尔指数可分解如下（见式（4.14））：

$$T = T_b + T_w = \sum_{k=1}^{K} y_k \ln \left(\frac{y_k}{n_k/n} \right) + \sum_{k=1}^{K} y_k \left(\sum_{i \in k} \frac{y_i}{y_k} \ln \frac{y_i/y_k}{1/n_k} \right) \qquad (4.14)$$

组内差距和组间差距见式（4.15）至式（4.17）：

$$T_b = \sum_{k=1}^{K} y_k \left(\ln \frac{y_k}{n_k/n} \right) \qquad (4.15)$$

$$T_w = \sum_{k=1}^{K} y_k \left(\sum_{i \in g_k} \frac{y_i}{y_k} \ln \frac{y_i/y_k}{1/n_k} \right) \qquad (4.16)$$

$$T_k = \sum_{i \in k} \frac{y_i}{y_k} \ln\left(\frac{y_i/y_k}{1/n_k}\right) \text{；} i \in g_k \qquad (4.17)$$

其中，T_k 为第 k 组的组内差距（$k=1$，$\cdots$，K），而第 k 组组内和组间差距的贡献率见式（4.18）和式（4.19）：

$$D_k = y_k \times \frac{T_k}{T}, \quad k = 1，2，3，\cdots，K \qquad (4.18)$$

$$D_b = \frac{T_b}{T} \qquad (4.19)$$

4.4.3　京津冀公共服务水平差异测算

2001～2018 年京津冀地区总体公共服务水平泰尔指数变化不大，从 2001 年的 0.36 下降到 2018 年的 0.32，下降了 9%。其中 2011 年达到最高峰 0.38，随后开始波动下降，这些差异主要是由京津冀三地之间的差异造成的，组间差距贡献了 90% 以上的差异，2010 年达到最高峰 97.66%。当然，在疏解首都非核心功能、建设雄安新区、推进京津冀一体化的政策指引下，京津冀之间总体公共服务水平的差异有所下降，从 2001 年的 96.04% 下降到 2018 年的 88.86%，河北省内部的差异上升，其中 2015 年和 2018 年河北省的内部差异对总体的贡献已经分别达到了 11.96% 和 11.13%（见表 4.4）。

表 4.4　　　　2001～2018 年京津冀总体公共服务水平泰尔指数变化

年份	总体泰尔指数	北京内部	天津内部	河北内部	组内差距	组间差距	组内差距贡献率（%）	组间差距贡献率（%）
2001	0.36	0	0	0.03	0.01	0.34	3.96	96.04
2002	0.32	0	0	0.02	0.01	0.31	3.49	96.51
2003	0.36	0	0	0.02	0.01	0.34	3.52	96.48
2004	0.34	0	0	0.03	0.01	0.32	4.40	95.60

年份	总体泰尔指数	北京内部	天津内部	河北内部	组内差距	组间差距	组内差距贡献率（%）	组间差距贡献率（%）
2005	0.34	0	0	0.02	0.01	0.33	3.80	96.20
2006	0.32	0	0	0.03	0.02	0.30	4.89	95.11
2007	0.34	0	0	0.02	0.01	0.33	2.42	97.58
2008	0.31	0	0	0.03	0.02	0.30	5.37	94.63
2009	0.36	0	0	0.02	0.01	0.35	2.38	97.62
2010	0.36	0	0	0.02	0.01	0.35	2.34	97.66
2011	0.38	0	0	0.02	0.01	0.37	2.62	97.39
2012	0.32	0	0	0.03	0.02	0.31	5.50	94.50
2013	0.35	0	0	0.03	0.01	0.33	4.32	95.68
2014	0.36	0	0	0.04	0.02	0.34	4.95	95.05
2015	0.31	0	0	0.07	0.04	0.27	11.96	88.04
2016	0.35	0	0	0.05	0.02	0.32	6.76	93.24
2017	0.35	0	0	0.06	0.03	0.33	8.20	91.80
2018	0.32	0	0	0.07	0.04	0.29	11.13	88.86

注：因为北京和天津组内只有一个城市，不存在组内差距，其值为0，下同。

京津冀公共服务水平的区域差异在各类三级指标上的表现也是不同的。京津冀三地的教育服务水平差异在2005年达到0.38的顶峰后开始下降，从2001年的0.33下降到2018年的0.21，下降了36.34%，地区之间的基本公共教育服务不平等程度下降，当然这里反映的是公共教育资源的供给水平差异程度，无法反映教育资源质量水平的差异程度。组间差距的贡献率从2001年的84.03%快速下降到2018年54.82%，组内差距则从2001年的15.97%上升到2018年的45.18%（见表4.5）。石家庄、秦皇岛、廊坊三市的公共教育服务水平得分已经分别达到0.045、0.059、0.038，远高于河北省的其他地级市。

表4.5 2001～2018 年京津冀教育服务水平泰尔指数变化

年份	教育服务	北京内部	天津内部	河北内部	组内差距	组间差距	组内差距贡献率（%）	组间差距贡献率（%）
2001	0.33	0	0	0.10	0.05	0.28	15.97	84.03
2002	0.30	0	0	0.11	0.06	0.23	21.64	78.36
2003	0.33	0	0	0.08	0.04	0.29	12.72	87.28
2004	0.24	0	0	0.08	0.05	0.19	19.58	80.42
2005	0.38	0	0	0.09	0.05	0.33	13.13	86.87
2006	0.23	0	0	0.11	0.07	0.17	27.87	72.13
2007	0.22	0	0	0.10	0.06	0.16	27.93	72.07
2008	0.23	0	0	0.08	0.05	0.18	21.16	78.84
2009	0.21	0	0	0.08	0.05	0.16	22.08	77.93
2010	0.21	0	0	0.07	0.05	0.17	21.09	78.91
2011	0.22	0	0	0.08	0.05	0.18	21.57	78.44
2012	0.19	0	0	0.07	0.04	0.15	22.91	77.09
2013	0.18	0	0	0.07	0.04	0.14	24.56	75.44
2014	0.20	0	0	0.09	0.06	0.14	28.88	71.12
2015	0.22	0	0	0.08	0.05	0.17	21.49	78.51
2016	0.25	0	0	0.11	0.07	0.18	27.34	72.66
2017	0.23	0	0	0.12	0.07	0.16	31.61	68.39
2018	0.21	0	0	0.14	0.09	0.12	45.18	54.82

京津冀地区的公共文化服务供给水平差异是最大的，最大值为2011 年的0.99，接近于1，最小值出现在2005 年，也有0.63，远高于其他三级指标（见表4.6）。北京作为首都，是全国政治、文化中心，有着丰富的文化资源，天津作为直辖市之一，文化资源也较为丰富。当然，近年来北京、天津、河北三地之间的文化服务供给水平差距在缩小，泰尔系数从2001 年的0.90 下降到2019 年的0.76，下降了15.21%，组间差距贡献率从2001 年的97.68%

下降到 2018 年的 89.83%，组内差距贡献率从 2001 年的 2.32% 上升到 2018 年的 10.17%，河北省内部的泰尔指数从 2001 年的 0.09 上升到 2018 年的 0.31，文化资源越来越集中到石家庄、承德、廊坊等城市。

表 4.6　　　　　2001~2018 年京津冀文化服务水平泰尔指数变化

年份	文化服务	北京内部	天津内部	河北内部	组内差距	组间差距	组内差距贡献率（%）	组间差距贡献率（%）
2001	0.90	0	0	0.09	0.02	0.88	2.32	97.68
2002	0.88	0	0	0.04	0.01	0.87	1.05	98.95
2003	0.89	0	0	0.08	0.02	0.87	2.00	98.00
2004	0.92	0	0	0.11	0.02	0.89	2.58	97.42
2005	0.63	0	0	0.11	0.03	0.60	4.66	95.34
2006	0.89	0	0	0.09	0.02	0.87	2.33	97.67
2007	0.98	0	0	0.10	0.02	0.96	2.00	98.00
2008	0.89	0	0	0.10	0.02	0.87	2.39	97.61
2009	0.97	0	0	0.14	0.03	0.94	2.81	97.19
2010	0.85	0	0	0.26	0.06	0.79	7.07	92.93
2011	0.99	0	0	0.26	0.05	0.94	5.12	94.88
2012	0.87	0	0	0.20	0.04	0.83	5.03	94.97
2013	0.82	0	0	0.14	0.03	0.79	3.86	96.14
2014	0.76	0	0	0.11	0.03	0.74	3.43	96.57
2015	0.87	0	0	0.31	0.07	0.80	7.97	92.03
2016	0.87	0	0	0.53	0.13	0.75	14.51	85.49
2017	0.88	0	0	0.35	0.08	0.80	8.64	91.37
2018	0.76	0	0	0.31	0.08	0.69	10.17	89.83

　　与教育服务、文化服务相似，京津冀地区的信息化服务水平差距也在缩小，但是下降幅度较小（见表 4.7）。其中，泰尔指数从 2001 年的 0.50 下降

到 2018 年的 0.44，下降幅度为 12.56%，北京、天津、河北三地之间的差距对总体差距的贡献率从 2001 年的 87.66% 略微下降到 2018 年的 81.39%，组内差距从 2001 年的 12.34% 略微上升到 2018 年的 18.61%，河北省内部的差距从 0.14 上升到 0.16，总体上变化不大。

表 4.7　　　　　　2001～2018 年京津冀信息化服务水平泰尔指数变化

年份	信息化服务	北京内部	天津内部	河北内部	组内差距	组间差距	组内差距贡献率（%）	组间差距贡献率（%）
2001	0.50	0	0	0.14	0.06	0.44	12.34	87.66
2002	0.46	0	0	0.13	0.06	0.40	13.83	86.17
2003	0.56	0	0	0.12	0.05	0.51	8.81	91.19
2004	0.62	0	0	0.19	0.08	0.54	12.32	87.68
2005	0.60	0	0	0.16	0.07	0.54	10.84	89.16
2006	0.64	0	0	0.18	0.07	0.57	10.84	89.16
2007	0.64	0	0	0.17	0.07	0.58	10.26	89.74
2008	0.68	0	0	0.22	0.08	0.60	12.03	87.97
2009	0.72	0	0	0.21	0.07	0.64	10.22	89.78
2010	0.77	0	0	0.24	0.08	0.69	10.07	89.93
2011	0.71	0	0	0.26	0.09	0.62	13.31	86.69
2012	0.55	0	0	0.22	0.10	0.45	18.00	82.00
2013	0.57	0	0	0.22	0.09	0.48	16.47	83.53
2014	0.55	0	0	0.25	0.11	0.44	20.68	79.32
2015	0.48	0	0	0.15	0.07	0.41	14.06	85.94
2016	0.57	0	0	0.16	0.07	0.50	11.63	88.37
2017	0.45	0	0	0.13	0.06	0.39	13.66	86.34
2018	0.44	0	0	0.16	0.08	0.36	18.61	81.39

京津冀地区的社会保障服务水平差异经历了一个快速上升的过程，从2001年的0.03快速上升到2018年的0.55（见表4.8），上升了将近20倍，从图4.5中可以看到，京津冀地区的社会保障服务水平从2001年的较为均匀分布演变为2018年以北京、天津为中心的集中分布。而且由组内差异主导转换到组间差异主导，其中组内差距贡献率从2001年的82.02%下降到2018年的14.04%，组间差距贡献率从2001年的17.98%上升到2018年的85.96%。

京津冀的卫生服务水平差异从2001年的0.35上升到2018年的0.46，上升幅度为30.85%，组内差距的贡献率有所下降，从2001年的29.72%下降到2018年的18.56%，组间差距贡献率则从2001年的70.28%上升到2018年的81.44%（见表4.9），京津冀卫生服务水平的差异一直是由北京、天津、河北三地之间的差异造成的，且差异程度在上升。

表4.8   2001～2018年京津冀社会保障服务水平泰尔指数变化

年份	社会保障	北京内部	天津内部	河北内部	组内差距	组间差距	组内差距贡献率（%）	组间差距贡献率（%）
2001	0.03	0	0	0.03	0.02	0.01	82.02	17.98
2002	0.02	0	0	0.02	0.02	0.01	75.92	24.04
2003	0.03	0	0	0.03	0.03	0.01	74.18	25.82
2004	0.03	0	0	0.03	0.03	0	87.82	12.18
2005	0.01	0	0	0.01	0.01	0	97.16	2.84
2006	0.05	0	0	0.02	0.02	0.02	55.18	44.82
2007	0.08	0	0	0.03	0.02	0.05	32.32	67.66
2008	0.07	0	0	0.08	0.07	0	96.89	3.11
2009	0.05	0	0	0.05	0.04	0.01	84.15	15.85
2010	0.06	0	0	0.06	0.05	0.01	81.22	18.80
2011	0.07	0	0	0.06	0.05	0.02	73.57	26.41
2012	0.43	0	0	0.15	0.07	0.36	17.39	82.61

续表

年份	社会保障	北京内部	天津内部	河北内部	组内差距	组间差距	组内差距贡献率（%）	组间差距贡献率（%）
2013	0.49	0	0	0.14	0.06	0.42	13.05	86.95
2014	0.54	0	0	0.09	0.04	0.51	6.70	93.30
2015	0.51	0	0	0.10	0.04	0.47	8.01	91.99
2016	0.52	0	0	0.11	0.05	0.47	9.49	90.51
2017	0.61	0	0	0.17	0.07	0.54	11.17	88.83
2018	0.55	0	0	0.17	0.08	0.48	14.04	85.96

表 4.9　　　　　2001～2018 年京津冀卫生服务水平泰尔指数变化

年份	卫生服务	北京内部	天津内部	河北内部	组内差距	组间差距	组内差距贡献率（%）	组间差距贡献率（%）
2001	0.35	0	0	0.19	0.11	0.25	29.72	70.28
2002	0.35	0	0	0.20	0.11	0.24	31.86	68.14
2003	0.36	0	0	0.21	0.12	0.24	34.22	65.78
2004	0.29	0	0	0.19	0.12	0.17	40.70	59.30
2005	0.43	0	0	0.32	0.17	0.26	40.50	59.50
2006	0.42	0	0	0.27	0.15	0.28	34.81	65.19
2007	0.36	0	0	0.21	0.12	0.24	33.18	66.82
2008	0.35	0	0	0.23	0.14	0.21	38.68	61.32
2009	0.42	0	0	0.30	0.17	0.25	40.23	59.77
2010	0.39	0	0	0.25	0.14	0.25	36.43	63.56
2011	0.34	0	0	0.27	0.17	0.17	50.84	49.16
2012	0.34	0	0	0.28	0.18	0.16	52.29	47.71
2013	0.3	0	0	0.17	0.10	0.20	33.87	66.13
2014	0.29	0	0	0.09	0.06	0.23	19.03	80.97
2015	0.29	0	0	0.23	0.14	0.15	49.03	50.97

续表

年份	卫生服务	北京内部	天津内部	河北内部	组内差距	组间差距	组内差距贡献率（%）	组间差距贡献率（%）
2016	0.32	0	0	0.16	0.09	0.23	28.38	71.62
2017	0.31	0	0	0.15	0.09	0.22	27.99	72.01
2018	0.46	0	0	0.18	0.09	0.38	18.56	81.44

京津冀三地的生态环境水平差异较小，2001～2018年，其泰尔指数最小值为2014年的0.016，最大值为2011年的0.147，相对于其他三级指标数值较小，但是三地之间的差异仍然在扩大，从2001年的0.029上升到2018年的0.039，上升了34.48%（见表4.10）。最明显的变化是，京津冀的生态服务差异已经从组内差距演变为组间差距，河北省内部的差距贡献率已经从2001年的71.09%下降到2018年的37.72%，而组间差距贡献率则从2001年的28.87%攀升到2018年的62.28%，组内差距和组间差距的角色互换了，也就是说河北省内部的差距在减少，但是北京、天津、河北之间的差距在扩大。在2015年以前，河北省的生态环境水平要优于天津市，但是在2015年以后，北京市和天津市开展了大量的生态环境整治活动，生态环境质量有所改善，而河北省由于其偏重工业的产业结构，环境整治需要更长时间，因此三地的差异有所扩大（见图4.9）。

表4.10   2001～2018年京津冀生态环境服务水平泰尔指数变化

年份	生态环境	北京内部	天津内部	河北内部	组内差距	组间差距	组内差距贡献率（%）	组间差距贡献率（%）
2001	0.03	0	0	0.02	0.02	0.01	71.09	28.87
2002	0.02	0	0	0.02	0.02	0	78.25	21.75
2003	0.02	0	0	0.02	0.02	0	84.72	15.28

续表

年份	生态环境	北京内部	天津内部	河北内部	组内差距	组间差距	组内差距贡献率（%）	组间差距贡献率（%）
2004	0.05	0	0	0.04	0.03	0.01	72.61	27.39
2005	0.05	0	0	0.05	0.04	0.01	88.57	11.43
2006	0.05	0	0	0.06	0.05	0	94.32	5.68
2007	0.03	0	0	0.03	0.02	0.01	81.77	18.23
2008	0.04	0	0	0.05	0.04	0	95.09	4.91
2009	0.02	0	0	0.03	0.02	0	92.32	7.68
2010	0.02	0	0	0.02	0.02	0.01	75.62	24.38
2011	0.15	0	0	0.03	0.02	0.13	12.43	87.57
2012	0.02	0	0	0.02	0.02	0	89.34	10.70
2013	0.02	0	0	0.02	0.02	0	84.56	15.44
2014	0.02	0	0	0.02	0.01	0	85.80	14.20
2015	0.08	0	0	0.09	0.07	0	95.27	4.72
2016	0.02	0	0	0.02	0.02	0.01	68.00	32.04
2017	0.03	0	0	0.03	0.02	0.01	68.03	31.97
2018	0.04	0	0	0.02	0.01	0.02	37.72	62.28

　　京津冀的基础设施服务水平泰尔指数从 2001 年的 0.10 上升到 2018 年的 0.20，翻了 1 倍，而且这种差异主要是由河北省内部的差异造成的，河北省内部的泰尔指数也从 2001 年的 0.10 上升到 2018 年的 0.20，组内的差距贡献率从 2001 年的 68.17% 上升到了 2018 年的 73.70%，北京、天津、河北三地之间的组间差距贡献率则从 2001 年的 31.84% 下降到 2018 年的 26.30%（见表 4.11）。石家庄、沧州、廊坊（0.08、0.08、0.06）三市的基础设施服务水平得分已经远远超过天津市（0.04），更高于河北省内其他城市。

表4.11 2001～2018 年京津冀基础设施服务水平泰尔指数变化

年份	基础设施	北京内部	天津内部	河北内部	组内差距	组间差距	组内差距贡献率（％）	组间差距贡献率（％）
2001	0.10	0	0	0.10	0.07	0.03	68.17	31.84
2002	0.07	0	0	0.08	0.06	0.01	83.98	16.01
2003	0.06	0	0	0.06	0.05	0.02	73.15	26.85
2004	0.07	0	0	0.04	0.03	0.03	50.45	49.55
2005	0.09	0	0	0.05	0.04	0.05	44.91	55.10
2006	0.07	0	0	0.03	0.03	0.04	39.57	60.43
2007	0.04	0	0	0.04	0.03	0.01	73.23	26.77
2008	0.05	0	0	0.04	0.03	0.02	58.74	41.26
2009	0.09	0	0	0.07	0.06	0.04	61.30	38.70
2010	0.09	0	0	0.07	0.06	0.03	68.43	31.57
2011	0.09	0	0	0.06	0.06	0.04	55.45	44.55
2012	0.15	0	0	0.11	0.08	0.07	54.85	45.15
2013	0.14	0	0	0.09	0.07	0.07	49.86	50.14
2014	0.10	0	0	0.08	0.07	0.03	69.59	30.42
2015	0.16	0	0	0.17	0.13	0.04	77.49	22.51
2016	0.13	0	0	0.08	0.06	0.07	44.15	55.85
2017	0.23	0	0	0.19	0.12	0.11	51.53	48.48
2018	0.20	0	0	0.20	0.15	0.05	73.70	26.30

4.5 京津冀公共服务水平非均等化原因分析

4.5.1 基于政府支出的公共服务财政水平分析

受我国现行财政体制的制约，公共服务的供给水平很大程度上是由地方财政资源的投入规模和分配结构决定的（鲁继通，2015）。2008 年，北京市、天津市的人均一般公共预算收入分别为 1.037 万元、0.574 万元，是河北省的 7.7 倍、4.2 倍，到了 2017 年，京津冀内部人均一般公共预算收入差距虽然有所缩小，但是北京市、天津市仍是河北省的 5.8 倍、3.4 倍（见表 4.12）；从人均一般预算内支出看，2008 年，北京市、天津市分别为 1.106 万元、0.738 万元，是河北省的 5.2 倍、3.5 倍，随后十年有所缩小，2017 年北京市、天津市的人均一般预算内支出分别是河北的 4.2 倍、1.8 倍。如果进一步分析公共服务支出结构，京津冀内部人均教育支出、人均科学支出经费的差距都有所下降。人均教育支出从 2008 年的 3.7 倍、2.5 倍下降到 2017 年的 3.0 倍、1.9 倍，人均科学支出从 2008 年的 27.3 倍、10.5 倍下降到 2017 年的 24.6 倍、9.9 倍（见表 4.13）。总体上，虽然京津冀内部财政收入和支出的差距有所缩小，但是差距仍然较大。财政收入差距来源于地方经济实力差距，2008 年，北京市、天津市的人均 GDP 分别为 6.4 万元、5.8 万元，是河北省的 2.79 倍、2.52 倍，2017 年稍有上升，为 2.85 倍、2.62 倍。

表 4.12　　　　　　　　**2008～2017 年京津冀公共财政收支情况**　　　　单位：万元

年份	人均 GDP*			人均一般公共预算收入			人均一般预算内支出		
	北京	天津	河北	北京	天津	河北	北京	天津	河北
2008	6.433	5.792	2.301	1.037	0.574	0.136	1.106	0.738	0.214
2009	6.677	6.210	2.462	1.090	0.669	0.152	1.247	0.915	0.260
2010	0.735	7.612	2.849	1.200	0.869	0.185	1.385	1.120	0.323
2011	8.237	8.475	3.404	1.489	1.074	0.240	1.608	1.326	0.407
2012	8.868	9.277	3.668	1.602	1.245	0.286	1.781	1.517	0.468
2013	9.613	9.978	3.904	1.731	1.412	0.313	1.974	1.732	0.504
2014	10.199	10.551	4.012	1.872	1.576	0.331	2.103	1.902	0.538
2015	10.913	10.884	4.044	2.176	1.724	0.357	2.643	2.089	0.657
2016	11.813	11.450	4.293	2.338	1.743	0.382	2.948	2.368	0.699
2017	12.906	11.838	4.524	2.502	1.474	0.430	3.142	2.094	0.745

注：＊这里的人均指标使用的是常住人口数量。
资料来源：历年中国城市统计年鉴，下同。

表 4.13　　　　　　2008～2017 年京津冀人均教育、科学支出情况　　　　单位：万元

年份	人均教育支出			人均科学支出		
	北京	天津	河北	北京	天津	河北
2008	0.179	0.120	0.049	0.063	0.024	0.002
2009	0.197	0.141	0.057	0.068	0.028	0.003
2010	0.229	0.187	0.065	0.091	0.035	0.003
2011	0.258	0.223	0.081	0.091	0.044	0.004
2012	0.304	0.268	0.102	0.097	0.054	0.005
2013	0.322	0.313	0.099	0.111	0.063	0.005
2014	0.345	0.341	0.103	0.131	0.072	0.005
2015	0.394	0.328	0.127	0.133	0.078	0.005
2016	0.408	0.322	0.135	0.132	0.080	0.007
2017	0.444	0.278	0.150	0.167	0.074	0.007

　　除了经济发展程度差距以外，我国现行事权与财权不匹配的财政体制也是造成京津冀公共财政支出不均衡的重要原因。1994 年财税体制改革以后，我国中央政府掌握了大部分财政税收收入，而将社会就业保障、医疗卫生保障等公共服务支出项目留给地方政府。北京、天津两市经济发达、城镇化程度高，财政收入充足，能够提供充足的公共服务资源，河北省恰好相反。如果中央政府能够统一负责全国居民的公共服务资源供给，不论是北京市、天津市，还是河北省的居民都能得到相同的公共服务水平，那么就不存在非均等化问题了。或者，河北省为落实京津地区的环境保护、水源供给、食品供给等，牺牲了一定的经济利益，可以由北京、天津两市对河北省进行财政转移支付，弥补河北省的损失，以此缩小公共服务水平差距。

4.5.2　基于"投入—产出"的公共服务产出效率分析

　　运用数据包络分析中规模报酬可变 BBC 模型，以基础教育、基础医疗卫

生和基础设施、社会保障和就业三个方面的 6 个变量作为产出指标，投入指标为公共服务领域的财政投入，分析比较 2014 年京津冀三地的公共服务投入产出效率。从教育投入产出效率来看，天津市、北京市的综合效率要高于河北省，它们的教育投入处于规模报酬边际递减阶段，而河北省处于规模报酬递增阶段，教育经费投入的收益大于成本，细分到具体指标，北京市、天津市的中小学产出不足，都为 0，即不存在中小学教育供给不足，北京市的教育经费投入冗余为 0，天津市存在 -0.001 的投入冗余，可以适当减少教育经费支出。河北省同时存在中小学师资力量产出不足、教育经费投入冗余问题，应该调整教育经费投入结构，加大对中小学教育的投入。

基于医疗卫生的投入产出效率，北京市和天津市的综合效率分别是 1.0、0.884，远高于河北省的 0.479。北京市的医疗卫生投入规模报酬不变，而天津市和河北省的规模报酬递增，意味着医疗卫生投入在天津市和河北省将获得更高的产出效益。北京市不存在医疗卫生资源投入冗余、医疗卫生资源供给不足的情况，天津市乡村医生和卫生员供给不足；河北省存在医疗卫生资源投入冗余，但是缺少医疗卫生人员、床位，说明财政投入资金使用效率低，资源配置不合理。社会保障和就业投入产出的情况与教育、医疗卫生的投入产出情况类似（见表 4.14）。

表 4.14 2014 年京津冀地区公共服务投入产出效率分析

地区	综合效率	规模报酬	投入或产出变量	原始值	投入冗余	产出不足值	有效的目标值
			教育投入产出结果				
北京	0.753	规模报酬递减	产出 - 中学师生比（学生 =1）	0.103	0	0	0.103
			产出 - 小学师生比（学生 =1）	0.07	0	0	0.07
			投入 - 教育投入占地区 GDP 比重	0.035	0	0	0.035

续表

地区	综合效率	规模报酬	投入或产出变量	原始值	投入冗余	产出不足值	有效的目标值
天津	0.796	规模报酬递减	产出－中学师生比（学生 =1）	0.1	0	0	0.1
			产出－小学师生比（学生 =1）	0.069	0	0	0.069
			投入－教育投入占地区 GDP 比重	0.032	－0.001	0	0.031
河北	0.686	规模报酬递增	产出－中学师生比（学生 =1）	0.079	0	0.015	0.094
			产出－小学师生比（学生 =1）	0.058	0	0.011	0.07
			投入－教育投入占地区 GDP 比重	0.03	－0.005	0	0.024
医疗卫生投入产出结果							
北京	1.000	规模报酬不变	产出－单位人口拥有乡村医生和卫生员	4.92	0	0	4.92
			产出－每千人医疗卫生机构床位个数	5.85	0	0	5.85
			投入－医疗卫生投入占地区 GDP 比重	0.014	0	0	0.014
天津	0.884	规模报酬递增	产出－单位人口拥有乡村医生和卫生员	3.92	0	0.767	4.687
			产出－每千人医疗卫生机构床位个数	3.18	0	0	3.18
			投入－医疗卫生投入占地区 GDP 比重	0.009	0	0	0.009
河北	0.479	规模报酬递增	产出－单位人口拥有乡村医生和卫生员	4.14	0	0.5	4.64
			产出－每千人医疗卫生机构床位个数	2	0	0.23	2.23
			投入－医疗卫生投入占地区 GDP 比重	0.014	－0.006	0	0.008

续表

地区	综合效率	规模报酬	投入或产出变量	原始值	投入冗余	产出不足值	有效的目标值
社会保障与就业投入产出							
北京	0.951	规模报酬递减	产出－参加基本养老比率	0.62	0	0	0.62
			产出－参加失业保险比率	0.485	0	0	0.485
			投入－社会保障与就业投入占地区 GDP 比重	0.024	0	0	0.024
天津	0.591	规模报酬递增	产出－参加基本养老比率	0.354	0	0.06	0.413
			产出－参加失业保险比率	0.189	0	0.019	0.208
			投入－社会保障与就业投入占地区 GDP 比重	0.016	－0.005	0	0.011
河北	0.223	规模报酬递增	产出－参加基本养老比率	0.163	0	0.25	0.413
			产出－参加失业保险比率	0.069	0	0.139	0.208
			投入－社会保障与就业投入占地区 GDP 比重	0.019	－0.008	0	0.011

总体而言，北京市、天津市在教育、医疗卫生、社会保障三个方面的公共财政投入产出效率高于河北省，而且北京市、天津市处于规模报酬不变递减阶段，意味着财政资源在这三方面的使用效率下降，河北省处于规模报酬递增阶段，应该继续扩大公共财政投入规模。此外，北京市、天津市的公共财政资源使用效率较高，配置较为合理，总体上不存在财政投入冗余、公共服务供给不足的情况。河北省刚好相反，不仅公共财政投入冗余，而且公共服务供给不足，说明财政支出结构不合理，资源配置效率较低。

经济发展阶段、城乡二元结构、自然地理、行政区划是导致河北省公共服务投入产出效率低于北京市、天津市的主要原因（李志勇等，2018）。首先，2018 年，河北省的人均 GDP 为北京市、天津市的 33.86%、39.51%，经济不发达导致公共财政投入不足。同时，河北省的产业结构以冶铁、炼钢等能耗高、污染大、效益低的重工业为主，其每吨标准煤能耗形成 GDP、一般工业固体废弃物综合利用率、每立方米水耗形成工业增加值只有北京市、天津市水平的一半，这意味着同样的公共财政投入，治理效果更差，产出效率更低。其次，2018 年北京市、天津市、河北省的城镇化率分别为 86.50%、83.15%、56.43%，河北省的城镇化率远低于北京市和天津市，河北省内部还有大量农村地区，城乡二元结构明显。由于城市和乡村的人口密度、经济效率存在巨大差距，拥有大量农村人口的河北省在公共服务的投入产出效率上自然无法与北京市、天津市相比；再次，北京市、天津市坐落在平原地带，地形平坦，而河北省是全国唯一拥有山、海、平原、高原和丘陵的省份，地理环境复杂，影响了公共财政的投入产出效率；最后，河北目前全省有 170 多个县、市、区，其县级数量仅次于四川，县级单位多，小城镇遍布，分散了投入资金，无法产生规模效应，而且缺乏中心城市也难以发挥其对周边区县的带动作用。

4.5.3　基于劳动力迁移的公共服务水平发展分析

为最大化人口规模效益，公共服务资源供给应与人口空间分布实现精准匹配，当某一地区人口规模上升以后，如果公共服务资源供给跟不上，就会导致资源紧张，供给不足（杨胜利等，2019）。

北京市、天津市常住人口的增长率从 2008 年的 5.67%、5.47% 一路下滑到 2016 年的 0.11%、0.98%，北京市在 2016 年以后甚至出现常住人口的负增长，天津市则在 2017 年出现 0.34% 的负增长后，在 2018 年恢复到 0.18% 的正增长，但是仍然低于河北省 0.48% 的正增长（见图 4.14）。从人口数量的变化来源看，2017 年和 2018 年，北京的人口自然增长率分别为正的 3.76‰、2.66‰，常住人口减少主要是疏解非首都功能、严控户籍人口规模增长，疏解低端产业人口带来的流动人口外迁，未来北京的流动人口将进一步减少。而随着京津地区的功能疏解、产业转移、雄安新区的建设，未来除了河北本地外流人口将回流到本地，外省市人口也将加速流入河北省。河北省的公共服务财政投入本身就不足，投入产出效率低，配置结构不合理，加上人口规模上升，必然导致河北省的人均公共服务资源低于北京、天津两市。

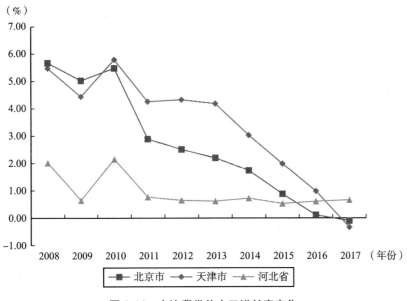

图 4.14　京津冀常住人口增长率变化

4.6　本章总结

相比于珠三角和长三角，河北省与北京、天津两市的发展差距过大，制约了区域整体发展。1986 年以来，特别是 2014 年"京津冀一体化"上升为国家战略以后，各级政府、社会各界在教育文化、社会保障、基础设施、环境保护等方面作出了积极努力，但是目前京津冀公共服务水平差距仍然不小。

本章在回顾其他公共服务均等化文献的基础上，构建了京津冀公共服务水平的测量指标体系。收集了2001～2018年《中国城市统计年鉴》《中国民政统计年鉴》《中国劳动统计年鉴》的数据，先利用熵权法TOPSIS计算得到2001～2018年京津冀13个城市公共服务水平综合得分，以及7个二级指标的得分，再运用Theil指数对京津冀公共服务水平的变化进行深入分析，研究发现：

京津冀总体公共服务水平变化不大，但是区域间的差距较大，且不断变化。河北省在教育服务、文化服务、卫生服务、信息化服务水平四个软环境方面远远落后于北京市和天津市，河北省的优势在于硬件设施方面，如基础设施服务水平和生态环境服务水平。

2001～2018年，京津冀总体公共服务水平差距有所下降，但下降幅度不大。这些差异主要是由北京、天津、河北三地的组间差距贡献的，随着京津冀一体化进程的加快，三地的组间差距有所下降，河北省内部差距的贡献率上升。

教育服务水平的变化较为典型地反映了这一趋势，2001～2018年，京津冀的公共教育资源供给水平差异程度下降了36.3%，且河北省内部差距的贡献率已经快赶上北京、天津、河北三地之间的差距贡献率，公共教育资源越来越向石家庄、秦皇岛、廊坊等城市集中；文化服务水平则是京津冀各类公共服务中差异最大的，最大值为2011年的0.99，接近于1，当然近年来有所下降，河北省内的差距贡献率有所上升；信息化服务水平的差异程度也在下降，但是幅度较小，总体上变化不大。

与之相反，社会保障服务、生态环境服务、卫生服务、基础设施服务的差异程度在上升。其中上升最快的是社会保障服务，上升了将近20倍，而且差距来源从河北省内部转换为京津冀三地之间，从三地较为均匀分布转为以北京、天津两市为中心集中分布；生态环境服务泰尔指数是所有三级指标中数值最小的，且也由组内差距主导转为组间差距主导，2015年之前，河北省在生态环境服务方面具有一定优势，但是因为偏重工业的产业结构，环境整治需要耗费更长时间，2015 年以后与北京、天津的差距有所扩大；卫生服务差异程度上升了 30.85%，且一直由北京、天津和河北三地的组间差距主导。基础设施服务泰尔指数翻了一番，与前面三个指标不同，主要是河北省内的差距上升导致的，且基础设施服务水平较高主要集中在石家庄、廊坊等城市。

在中央、地方政府大力推进京津冀一体化的背景下，北京、天津、河北三地的总体公共服务水平差异程度有所下降，体现在具体指标上，教育服务、文化服务、信息化服务泰尔指数都有所下降，且组间差距贡献率下降，但河北省内部差距贡献率上升，这些原来都是河北省的传统弱项。但是生态环境、基础设施这两个原本河北省的传统优势却在 2015 年以后随着北京、天津推进环境整治、交通疏解的进程中慢慢消失。最糟糕的是，社会保障服务、卫生服务这两个河北省的传统弱项与北京、天津的差距还在进一步扩大。另外值得注意的是，虽然本研究的主题是京津冀协同发展，主要研究北京、天津、河北三地之间的公共服务水平差异，但是河北省内部城市之间的差异也不容忽视，特别是近年来各种公共服务在石家庄、廊坊等省内首位度较高的城市集中分布。未来不仅要关注北京、天津和河北之间的差异，还要关注河北省内的差异变化。

分析京津冀公共服务非均等化的原因，地区经济发展程度差异导致河北省的财政收入不足，而现行财权与事权不匹配、京津冀内部财政转移支付制度不完善的财政体制加剧了这一状况，河北省的公共财政投入规模远低于北京市、天津市；河北省的财政投入产出效率低于北京市和天津市，投入结构不合理，财政资源配置效率低；在财政投入规模小、效率低的情况下，河北省的人口增长速度要高于北京市和天津市，进一步拉低了人均公共服务水平。

第5章

公共服务均等化的国际经验借鉴

　　根据本书第4章的分析，京津冀各区域间公共服务水平差距明显，从财政角度看，地方财政收入差距大、转移支付体系不完善等问题抑制了公共服务均等化发展；从劳动力迁移角度看，公共服务供给相对完善的北京和天津人口迁移量大，人口集聚带动了经济和财政发展，良性促进了公共服务的完善。因此，梳理国外相关国家公共服务均等化的经验，可以为提高京津冀公共服务均等化水平提供借鉴。

5.1 国外公共服务均等化的实践分析

5.1.1 基于财政收入的加拿大均等化

加拿大是联邦制国家，宪法规定联邦政府重点对国防、外交等事务负责，地方行政部门对其范围内的教育、建设等工作负责，这是联邦各级政府的事权。在财权上，加拿大 65% 以上的中央财政收入和 50% 的地方财政收入来自公司所得税、个人所得税和一般销售税。联邦政府和省、地方政府的事权相差不大，财权却主要集中在联邦中央政府，财政收入存在纵向水平上的不均衡；在横向上，加拿大北方三个寒冷地区育空地区、西北地区、努纳武特地区地处偏远，经济落后，财力不足，和其他地区之间存在较大差距。因此政府通过政府间一般性转移支付和专项转移支付等财政转移支付方式解决纵向和横向的财政不均衡，从而推动了公共服务供给均等化进程（刘德吉，2010），其中均等化项目、社会健康项目和信托地区常规支持基金起到主导作用。

（1）均等化项目

均等化项目起源于 20 世纪 40 年代加拿大联邦政府和省级政府签订的"均等化和税收出租协议"，省级政府将税收征收权出租给联邦政府，联邦政府每年向省级政府支付一定的补偿金，后来演化为通过联邦政府向省级政府进行财政转移支付，以确保省级政府有足够的财政收入来提供合理的公共服务。联邦政府应当向省级政府支付的金额计算步骤如下：首先，计算各省的财政收入能力，即测量各省的代表性税收收入，这些代表性税收经过不断变化，目前主要由公司所得税、个人所得税、财产税、消费税和自然资源税构成；其次，确定全国平均财政收入能力，目前采用 10 个省的平均财政收入，当然之前也采用过

5 个中等财政能力的省作为参考标准；最后，计算每个省获得的财政转移收入，当 E_a 大于 0 时，该省才能获得财政转移支付。具体计算公式见式（5.1）。

$$E_a = \left[(R_{10}/B_{10}) \times (B_{10}/P_{10}) - (R_{10}/B_{10}) \times (B_a/P_a) \right] P_a \qquad (5.1)$$

其中，E_a 表示 a 省获得的转移支付，R_{10} 表示 10 个省的税收，B_{10} 是 10 个省的税基，P_{10} 表示 10 个省的人口总数，P_a 表示 a 省的人口总数。$(R_{10}/B_{10}) \times (B_{10}/P_{10})$ 表示全国人均财政收入能力，$(R_{10}/B_{10}) \times (B_a/P_a)$ 表示 a 省的人均财政收入能力。

（2）健康和社会转移支付

加拿大健康和社会转移支付（CHST）包括加拿大健康转移支付（CHT）和加拿大社会转移支付（CST），前者主要用于居民的卫生医疗健康，法律规定每年增长 6%，后者主要用于儿童教育和发展、初等以上的教育事业、社会保障和社会救助等方面，法律规定每年增长 3%。健康和社会转移支付是加拿大最大的财政转移支付，占全部财政转移支付的 60% 以上，联邦方案对资金用途做了明确规定，专门用以支持各省和地方的社会保障、健康和教育等项目。

省级和地方政府能够获得的健康和社会转移支付包括：税收转移，即 1% 的企业所得税和 13.5% 的个人所得税；现金转移支付，由联邦政府直接拨付，弥补省、地方政府在得到税收转移后的资金缺口。

（3）信托地区常规支持基金

这是对北方育空地区、西北地区、努纳武特三个寒冷偏远地区的无条件转移支付，是这三个地区最主要的财政收入来源。其计算方式为：首先按照人口规模预测这三个地区的财政支出需求；其次运用代表性税收计算这三个地区的财政收入能力，二者的差值即为联邦政府对该地区的转移支付金额。这些资金主要用来解决这三个地区的基础设施、交通、住房和教育问题。

加拿大这种强调财政能力均等化的财政转移方式缩小了地区的财政差距

（卢同庆，2017），促进了各地区的公共服务均等化（李凡，2013），而且对于缩小区域之间的横向差异，一般转移支付比专项转移支付效果更好。

5.1.2　基于地方交付税的日本均等化

第二次世界大战以后的 50～60 年代，日本经济经历了高速增长，大都市与农村、经济发达地区与落后地区的差距不断扩大。为了让全国各地分享经济增长成果，日本推行了交付税为中心的财政平衡制度，改善了地区间的财力分布，促进了公共服务的均等化供给。1956 年，转移支付制度降低了 74% 的都道府县之间的财力不平等，1969～1970 年最低，为 58%，这 20 年间转移支付制度平均降低了 67% 的地区间财力不平等，而中国财政转移支付对地方财力不平等的削减程度最高为 2008 年的 38%，1995～2011 年的经济高速增长期，中国的平均削减程度为 25%，约为日本的 1/3（张光，2014）。

在日本的财政转移支付中，地方交付税的占比最大，其次是国库出让金，如 2001 年日本地方交付税、国库出让金、地方让与税、地方特例交付金四类转移支付比例分别为 56.39%、38.32%、3.12% 和 0.22%。第二次世界大战结束后，夏普财政调查使团向盟军占领当局提交了中央政府向地方政府提供财政援助，以实现地区财政均等化，确立了地方交付税制度的原则：①分配给地方的税收收入应当来自中央政府的一般预算内的、以均等化为目的的赠款；②赠款的规模结合地方财政与支付状态进行考虑；③赠款的地区分配按照公式进行，该公式需要充分考虑各地方的财政能力和需求差异；④地方拥有赠款用途的决定权（Mochida，2001，2008）。按照这四个原则，日本的地方交付税计算过程如下：

首先，计算中央政府每年要交付给地方政府的财政基金总额［见式（5.2）］。

$$TT = 0.32 \times (NT_y + NT_a) + 0.358 \times NT_c + 0.295 \times NT_v + 0.25 \times NT_t \quad (5.2)$$

其中，TT 表示中央政府每年要交付给地方政府的财政基金总额，NT_y 表示国家个人所得税总额，NT_a 表示国家酒税总额，NT_c 表示国家公司所得税总额，NT_v 表示 80% 的国家增值税总额，NT_t 表示国家烟税总额，TT 占这五种税收总额的 1/3 左右，占地方财政收入的 1/5 左右。

其次，根据地方的财政支出需求和财政能力，计算地方能够获得的交付税总额［见式（5.3）至式（5.6）］。

$$I_i = N_i - C_i \tag{5.3}$$

$$N_i = \sum_k (I_{ik} \times U_{ik} \times M_{ik}) \tag{5.4}$$

$$U = (C_g - R_s)/S \tag{5.5}$$

$$C_i = G \times \sum (B_{ij} \times t_j) + LTT_i \tag{5.6}$$

其中，I_i 是地方政府获得的交付税总额，N_i 是地方的财政支出需求，C_i 是地方的财政收入能力。I_{ik} 是地方政府 i 在某类公共服务的用量，如教师数量、警察数量或公路里程；U_{ik} 是地方政府 i 在某类公共服务产品 k 的单位成本，C_g 是公共产品 k 的总成本，R_s 是特殊收益，S 是公共产品 k 的数量，M_{ik} 是调整系数或财力系数，根据实际情况进行调整，目前日本 47 个都道府县根据调整系数被分为 8 类。G 是税收分成比例，B_{ij} 是地方政府 i 在税种 j 的税基，t_j 是税种 j 的税率，LTT_i 是地方政府获得的全部转移支付。

5.1.3 基于转移支付的澳大利亚均等化

澳大利亚是联邦制国家，有 6 个州和两个地区，州和地区以下是地方政府。在财权上，联邦政府占有 73% 的财政收入，占据主导地位，州政府和地方政府分别占 21% 和 6%（张兆鹏，2011）。在横向水平上，各州的财政收入和支出也存在很大差距，东南部沿海地区经济发达，财源充沛，西北部地区经济落后，财政收入入不敷出。为了稳定社会经济发展，澳大利亚联邦政府近年来实施了一系列以均等化为目的的均衡拨款制度。

2007 年，澳大利业政府专门引入了商品和服务税（GST），由联邦政府统一征收，再由联邦拨款委员会按照均等化原则全部转移支付给各地方政府。除了 GST 以外，一般转移支付还包括国家竞争政策补助（NCP），用于执行国家竞争政策和相关改革，延期 GST 补助。而专项转移支付称为特殊目的的转移支付（SPP）。2005～2006 年度澳大利亚联邦政府对地方的转移支付中，一般转移支付占 58% 左右，专项转移支付占 42% 左右，一般转移支付占主导地位（李万慧，2012），而且一般性转移支付的均等化效果要好于专项转移支付（孔凡河、赵宏伟，2014）。

澳大利亚转移支付制度公式复杂、考虑因素众多。每个州或地区能够获得的一般财政转移支付金额取决于该州人口占全国总人口的比重、该州年度财政支出需求。测算该州年度财政支出需求的具体步骤为：①将所有公共服务支出分类，并按照类别进一步细分到项目；②将影响支出规模的因素进一步细分，如人口规模、居住的分散程度、城市化程度、地理分割状况等；③确定每个项目的相对系数；④将各个项目加权汇总即得到某类公共产品当年的财政支出需求。

5.1.4 基于多方调节机制的北欧均等化

在过去几十年里，北欧以高福利著称，已经形成了较为完备的公共服务体系，总结起来主要有三个方面（龚金保，2009）。

（1）提供面向劳动力市场的"民生性"服务

在民生方面，北欧诸国的重点是促进就业、增加居民收入、缩小收入差距。促进就业是北欧国家政府最主要的政府职能。以瑞典为例，政府每年都要投入 3% 的 GDP 用于促进就业，并且在中央和地方设立"劳动力市场管理委员会"和"就业办公室"，加强就业培训，鼓励中小企业吸收失业人员。

在提高居民收入水平的同时努力缩小收入差距，北欧国家的基尼系数常年维持在 0.25 ~ 0.3，为全世界最低。

（2）提供促进社会事业发展的"公益性"服务

公益性服务首先是重点发展医疗卫生事业，实行"全民保健"制度，为所有的居民无差别地承担大部分医疗费用，同时加强社会公共卫生体系建设；其次是发展国民教育，从小学到大学，所有的国民都可以享受免费医疗资源；在社会保障方面，北欧国家提供"从摇篮到坟墓"的包括失业保险、医疗保险、生育保险在内的社会保障服务。

（3）提供非竞争领域的"基础性"服务

凡是市场能够提供服务的领域，尽量市场化，但是涉及国家安全如能源安全、通信安全、粮食安全等领域，具有自然垄断特征的行业如电力、邮政网络等领域，以非营利为目的的社会福利事业如科研成果产业化等领域，政府认为对公众和国家利益有重大作用的如公共广播等领域，由国有企业垄断经营。

北欧国家区别于其他西方发达国家均等化实践的地方在于其多方调节机制。在提供公共服务时，北欧国家实行公私合作制度，即私人部门和公共部门通过正式协议确立长期的合作伙伴关系，为全社会提供公共服务。在劳动力市场上，北欧国家建立了社会"金三角"对话协商机制，负责或协助解决社会公共服务供给问题（张忠利、刘春兰，2013）。若涉及立法或政策问题，政府和议会将设立专门委员会，召开听证会，邀请工会和雇主协会共同参加，协商解决。每年 8 ~ 10 月，丹麦的中央政府、工会、雇主协会都会就第二年关于公共服务的立法、公共开支项目、税收等问题进行协商。

在瑞典，团结合作是瑞典执政党瑞典社民党的核心价值观，对瑞典公共服务制度的形成和发展产生了深远影响。瑞典社民党基于政党、利益集团和社会团体协同参与的多元合作机制，充分协调各方主体利益关系，保障了瑞典公共服务的均等化（晏荣，2012）。

5.2 国外公共服务均等化的经验借鉴

5.2.1 公共服务均等化的专司部门

为了降低成本、提高公共服务供给效率，西方发达国家一般将涉及公共服务业务的机构统一到一个部门，专门承担全国范围内的公共服务事务。北欧国家、澳大利亚在中央政府设立地方事务部，日本设置了总务省，加拿大设立了委员会，来平衡不同地方的财政能力，保障公共服务均等化。

澳大利亚是联邦国家中最早建立财政均等制度的国家，1933 年，为了规范以均等化为目的的财政均衡制度，成立了联邦拨款委员会，专门负责实施和改进财政均等化政策，按照均等化原则，在权衡各州财政收入能力和财政支出需求的基础上提出转移支付的分配方案。同时，为了更好地推进全国公共服务均等化，澳大利亚将负责全国公共服务的机构从家庭和社区服务部分离出来，专门成立了中央联合部。在此之前，各类公共服务散落在不同部门，如家庭与社区服务部负责再就业培训、健康部门负责对盲人的特别服务等，后来都统一归口到中央联合部。

1960 年，日本中央政府为了加强对地方政府的控制，专门成立了自治省，2001 年，又在此基础上将邮政电信省和自治省合并为总务省。总务省代表中央政府监督地方财政，同时也代表地方政府的利益，阻止中央政府特别是财务省对地方政府财政权利的侵犯。总务省推出的《地方税务法》使地方政府有一定的自由提出附加税，并在一定范围内调整地方税率。近年来，日本为了进行公共服务供给模式改革，建立了专门的公共服务供给改革委员会，以负责公共服务供给项目的风险评估工作（隋心，2015）。

5.2.2 公共服务均等化的制度性保障

纵观发达国家公共服务均等化过程，可以发现一个显著的共同特点，就是这些国家都注重通过立法的形式，建立和完善公共服务体系，为公共服务均等化提供制度性保障。如美国从 20 世纪初开始就制定了一系列保障公共服务均等化的法律，如 1906 年的《纯净食品药品法案》、1935 年的《社会保障法》、1955 年的《空气污染控制法案》、1965 年的《中小学教育法》等；英国更是早在 17 世纪初期，就已经在社保领域出台了《济贫法》，后续进一步制定了《公共服务法》等；澳大利在 20 世纪初期，出台了三部《公共服务法》，确定了澳大利亚公共服务体系、职责和管理内容，在 1984 年通过了《公共服务改革法案》，推进公共服务改革（廖文剑，2011）；日本制定实施了《地方交付税法》《义务教育法》《土地改良法》。

在缩小地区间差异方面，美国和德国较早利用政策法规推动区域均等发展。美国在经济大萧条后制定了《经济机会法》《地方再开发法》《公共工程和经济开发法》《农村发展法》等法律法规，并成立了田纳西河管理局等机构专门为密西西比河等经济落后地区提供就业岗位、促进经济增长，同时推动区域均衡发展；1989 年德国统一后通过了《联邦基本法》《联邦改善区域结构共同任务法》等法律，推动东西部地区融合发展（翁列恩、胡税根，2009）。这些严密的法律法规为西方发达国家公共服务均等化提供了制度保障。

目前我国已经颁布实施的关于公共服务均等化的法律法规较少，与义务教育相关的有《教育法》《义务教育法》，与卫生医疗相关的有《传染病防治法》《食品卫生法》等，与财政体系相关的有《财政支出绩效法》，《转移支付法》仍在全国人大立法计划中，尚待审核通过，与社会保障相关的法律主要依靠中央和地方的规章条例，缺少相关的立法（孙德超、贺晶晶，2012）。总体而言目前我国还没有针对公共服务均等化的专门立法，相关配套法律缺位，且不够细化，应该尽早制定《公共服务均等化法》及相关配套法律法规，使城乡居民、不同地区、不同群体、不同身份的居民能够享受到均等的公共服务，为公共服务均等化提供制度性支撑。

5.2.3　公共服务均等化的转移支付手段

西方发达国家的经验表明，均衡公共财政是实现公共服务均等化的基本手段，而转移支付是实现均衡公共财政的主要方式。虽然各个国家的转移支付体系存在差异，但是也有许多共同特点（元文礼，2012）：①中央政府拥有较强的财政能力，无论是加拿大、日本还是澳大利亚，中央政府在全国财政收入中占据主导地位，这保证中央政府有足够的财政资源进行转移支付，实现区域之间的财政均衡。②转移支付的资金来源稳定、分配科学。在分配方案上，中央政府每年都要评估地方政府的财政支出需求，并综合考虑地方人口规模、经济发展水平等多种因素，经过几十年的发展，西方发达国家的财政转移支付分配方案已经相当科学、成熟。③通过立法实现财政转移支付的法治化，减少人为干扰因素，保证公共财政转移支付更加公开透明。④一般转移支付项目比专项转移支付更能促进地方公共财政均衡化。

目前我国中央政府与地方政府的财权、事权不匹配，在财政收入的分配上，中央财政所占比重相对较大，地方政府所占比重相对较小，但在教育、医疗、社会保障等公共服务领域的支出，地方政府承担的责任相对更多。以社会保障领域为例，我国青壮年劳动力主要流向东部沿海地区，却需要中西部等经济发展相对落后的劳动力流出地承担社会保障支出，劳动力流出加上社会保障支出，中西部地区与东部沿海经济发达地区的公共财政支出能力差距进一步拉大。因此，有必要改革当前的转移支付体系，建立以公共服务均等化为目的的财政转移支付体系，建立专门的转移支付资金，制定科学合理的转移支付分配方案，提高一般转移支付项目的比例。

5.3　本章小结

公共服务非均等化不是中国的特有现象，在世界其他国家甚至是发达国家也普遍存在。为了促进公共服务水平的均等化，许多国家作出了不少尝试。其中比较具有代表性的首先是加拿大旨在促进财政均等化的实践。在纵向上，加拿大中央政府和地方政府事权相差不大，但是财政收入主要集中在中央政府；在横向上，加拿大各区域之间存在较大经济差距，因此联邦政府通过均等化项目、社会健康项目和信托地区常规支持基金的财政转移支付来保证地方的财政均等化。其次是日本基于地方交付税的均等化实践。第二次世界大战以后，日本经济高速增长，大都市与农村、经济发达地域与落后地区的差距不断扩大，为了让全国各地分享经济增长成果，日本推行了以交付税为中心的财政平衡制度，改善了地区间的财力分布，促进了公共服务的均等化供给。再次是澳大利亚基于转移支付的均等化实践。澳大利亚同样面临着纵向和横向的财政不平衡问题，为了稳定社会经济发展，澳大利亚联邦政府近年来实施了一系列以均等化为目的的均衡拨款制度，包括商品服务税、国家竞争政策补助等。最后是北欧国家基于多方调节机制的均等化实践，包括"民生性"服务、"公益性"服务及"基础性"服务。

纵览西方发达国家公共服务的均等化实践可以发现，其主要实现方式是建立转移支付制度以促进地方财政能力均等化，同时通过立法的形式为公共服务均等化提供制度性保障，并成立专门的公共服务均等化推进部门。目前我国公共服务非均等化现象还比较明显，京津冀特别是河北省内部还有非均等化扩大的趋势，有必要充分借鉴西方发达国家的实践和经验，有效推进京津冀的公共服务均等化发展。

第6章

公共服务对劳动力迁移的作用机制分析

公共服务均等化是疏散北京非首都功能，实现京津冀协同发展和劳动力均衡分布的重要前提。要实现京津冀不同城市之间的公共服务均等化，促进劳动力均匀流动，需要厘清公共服务对劳动力迁移的作用机制，测算不同公共服务内容对劳动力迁移的影响程度，从而有针对性地提出公共服务均等化方向。

6.1　劳动力迁移动机

劳动力迁移符合人口区位选择理论，人口区位选择理论强调人口迁移主要受经济因素和非经济因素影响。经济因素通常指两个城市之间的经济差异，其直接表现是城市资本投入力度和城市间工资差异；非经济因素涉及广泛，包括公共服务（基础教育、医疗服务、基础设施和文娱设施等）、产业结构、迁移摩擦等（董亚宁等，2019）。

6.1.1 经济因素动机

经济因素是劳动力迁移的主要动机之一，已有研究表明收入与经济机会差异理论可以显著地解释劳动力迁移决策行为，工资水平差异是劳动力决定是否在两个城市之间流动的重要因素。由于物质需求是劳动力生存的基础，随着经济水平的不断提高，城乡之间的经济差异显著增大，劳动力资源会从工资收入低的城市源源不断地涌入工资收入高的城市，从而获取更高报酬，改善经济状况。

但是劳动力迁移具有经济成本和心理成本，当迁移回报高于迁移成本时，迁移才会发生。因此，经济因素动机可能产生永久性迁移和暂时性迁移两种结果。一部分劳动力在高收入城市获得了长久稳定且社会地位高的工作，相比于迁移前，工资水平显著提高，且满足了生活在高收入城市的心理需求，最终扎根在高收入城市；另一部分劳动力则为了养家糊口，选择了迁移到工资收入较高的城市，但是从事城市当地人不愿涉足的第二部门工作。学者Piore用"二元劳动力市场"解释城市工作的二元性，指出第二部门工作是指工资相对较低、社会地位低、工作稳定程度差的工作，就迁入成本而言，这部分劳动力的心理成本并未得到补偿，他们在高收入城市的工作是以低社会地位换取相对较高的工资收入，劳动力大多选择在高收入城市挣钱之后回到家乡生活，是暂时性的迁移。

因此，经济因素动机导致的劳动力迁移表现为永久性迁移和暂时性迁移，二者的区别主要取决于劳动力迁移的回报是否能够覆盖迁移经济成本和心理成本。从这个角度上看，经济因素动机是劳动力迁移的重要动机之一，但并不是唯一动机，劳动力迁移的动机是由各种外部和内部因素综合决定的。

6.1.2 非经济因素动机

经济因素动机无法完全解释劳动力迁移现象，从劳动力消费视角和劳动力社会人视角的非经济因素是劳动力迁移的另一重要动机（王宁，2016）。非经济因素涉及方方面面，从劳动力消费需求角度看，包括基础教育、医疗服务、基础设施和文娱设施在内的公共服务是提高劳动力生活质量的保障，劳动力是社会消费主体，消费属性决定了其对教育、医疗等社会公共服务需求旺盛。蒂伯特（Tiebout，1956）提出了"用脚投票"理论，即劳动力迁移是对城市公共服务的投票行为，城市获取的劳动力迁移量可以反映城市社区公共服务的完善程度。劳动力迁移动机除了获取更高的经济报酬外，还需要获得更高的生活质量，也就是劳动力迁移产生的回报应该包括经济报酬和心理报酬，经济报酬与心理报酬的整体平衡才能决定劳动力是永久迁移还是暂时迁移。从劳动力社会人角度看，除了生产（工资）和消费（服务）需求，劳动力还有心理需求、学习匹配需求等其他多样性需求，劳动力决定是否迁移会遵循一定的参照机制和匹配机制，劳动力的社交网络会通过信息共享为其提供亲属或者朋友在其他城市的工作和生活状态，从而形成参照物，为劳动力提供迁移的参考。当相对剥夺感（对照身边迁移人群状况时，产生了自身所在地获得不公平待遇或者迁移城市生活明显优于现状）产生时，劳动力就会产生迁移意愿，因此信息共享带来的劳动力相对剥夺感也是劳动力迁移的动机之一。此外，研究表明劳动力会从劳动密集型城市迁入资本和技术密集型城市，劳动力为获取更高的报酬，会通过迁移至城市学习与自身专业匹配的技术，从而实现个人需求。

劳动力迁移的非经济因素动机除了消费需求和社会人需求外，还会受到客观的制度因素影响。中国实行户籍管理制度，人口规模越大、经济越发达的城市，户籍管理制度越严格，户籍制度制约了劳动力的迁移，多数劳动力迁移至北京市和上海市等户籍管理严格的城市都是暂时性的，大多在获取了相对较好的医疗、教育、工资后选择了"荣归故里"，而这种选择是在无法扎根于城市后被动产生的，劳动力由于户籍限制在孩子教育、医疗等方面享受不到同等待遇时，迫于无奈回归故里，甚至有些劳动力在了解到大城市相关制度制约时，直接放弃了迁移的想法。

总而言之，劳动力是否迁移主要取决于迁移回报是否大于迁移成本，回报和成本除了可货币化的工资外，还有非货币化的心理成本，因而在量化研究时，通常采用劳动力迁移的效用函数来阐释不同迁移动机的影响，见式（6.1）。

$$U_{ij} = \alpha X_{ij} + \beta Y_{ij} + \gamma Z_{ij} + \varepsilon_{ij} \qquad (6.1)$$

其中，U_{ij} 表示 i 劳动力选择 j 城市产生的效用，X_{ij} 表示 i 劳动力在 j 城市工资水平带来的效用，βY_{ij} 表示 i 劳动力在 j 城市公共服务产生的效用，γZ_{ij} 表示 i 劳动力在 j 城市的其他特征产生的效用，ε_{ij} 表示其他未观测因素。当 $U_{ij} > U_{ik}$，$\forall j \neq k$ 时，i 劳动力会选择 j 城市。

具体而言，劳动力迁移动机来源于两个层次、四个方面的因素（见表6.1）。不同劳动力对不同城市特征因素的效用不同，所有影响劳动力迁移的因素综合作用，形成了劳动力迁移的总效用，从而支配劳动力迁移行为。

表6.1　　　　　　　　　　劳动力迁移的主要动机

宏观视角因素	要素视角因素	指标视角因素	
经济因素	劳动力生产因素	工资水平差异	
非经济因素	劳动力消费因素	公共服务	基础教育 医疗服务 基础设施 文娱设施
	劳动力社会人因素	交流共享机制 学习匹配需求	
	外部制度因素	户籍制度	

上述迁移动机形成了劳动力城市身份、流动性、工作性质的圈层结构（见图6.1），当生产、消费和社会人因素作用条件下的劳动力迁移回报高于成本，且劳动力冲破制度因素，获取迁移城市居民身份，则劳动力选择永久性迁移，这类劳动力通常通过招生、招工、干部调动等形式迁移；当劳动力迁移回报高于成本，但无法获取城市居民身份时，劳动力可能会改变常住地，但是仍然无法完全脱离与原居住地的联系；当迁移劳动力的生产需求大于消费和社会人需求，那么一旦迁移的经济效用较大，就会选择短暂性的迁移，从而获取经济效用，满足经济效用后会选择回归故里，这类劳动力通常在迁移城市从事工作稳定性差、环境糟糕的第二部门工作。

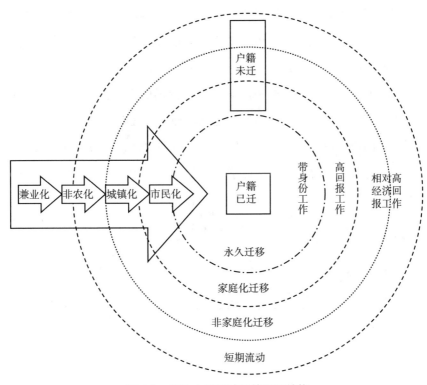

图6.1　劳动力迁移特征的圈层结构

6.2 公共服务供给对劳动力迁移的影响机制

6.2.1 "用脚投票"理论的逻辑分析

蒂伯特首先提出了"用脚投票"理论，指出当城市间劳动力迁移不存在外部性，即劳动力在城市间不受到制度性约束、可以自由流动时，劳动力会选择流向公共服务满足其偏好的城市。根据劳动力迁移动机分析，劳动力迁移的前提是经济和心理成本低于迁移回报。"用脚投票"理论针对公共服务对劳动力选择的成本进行了分析，当劳动力迁移实现帕累托最优时，达到劳动力公共服务品需求均衡，从而劳动力迁移停止。

"用脚投票"理论的前提是市场是自由流通的，也就是完全竞争市场，每个进入者都没有超额利润，当市场达到均衡时，任何一个进入者的边际收益等于市场的边际成本，如图 6.2 所示。当劳动力迁移的边际成本等于公共服务供给的边际成本时，达到均衡条件，即不再有劳动力的迁移。

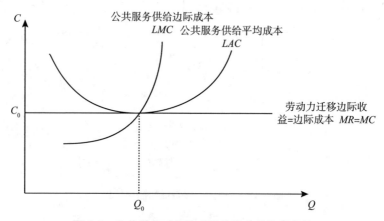

图6.2 公共服务对劳动力迁移影响的均衡条件

因此，"用脚投票"理论阐述了公共服务供给影响劳动力迁移成本的机理，假设一共有 n 个城市，公共服务的总供给成本为 C，A_n 是 n 城市的人口规模，$C_{a,n}$ 是 a 劳动力在 n 城市的公共服务成本，即，当 $C/(n \times A_n) \neq C_{a,n}$，劳动力会从高成本城市流向低成本城市。劳动力向低成本城市流动会增加低成本城市的公共服务供给压力，低成本城市需要增大公共服务供给，从而满足劳动力聚集，导致公共服务供给总成本 C 增加，直到 $C/(n \times A_n)$ 增大至等于 $C_{a,n}$ 时，意味着劳动力流动的边际成本等于公共服务供给的边际成本，则城市间劳动力迁移达到均衡。

"用脚投票"理论是从劳动力作为生产者角度考虑公共服务对劳动力迁移的影响的。任何一个劳动力都需要考虑迁移的直接可货币化的成本，当直接成本小于迁移收益时，劳动力则考虑迁移至成本较低的城市生活。从这个角度看，当 A、B 两个城市其他特征都同质时，A 城市提供了相对 B 城市而言更丰富的公共服务源，且 A、B 城市之间的流动无障碍，则意味着劳动力生活在 A 城市的成本更低，劳动力自然通过迁移对 A 城市进行"用脚投票"。当 A 城市劳动力不断聚集，A 城市需要不断加大公共服务供给，供给成本增加，劳动力公共服务使用成本随之增加，直至 A、B 城市间劳动力公共服务成本相同时，劳动力不再迁移。"用脚投票"理论揭示了公共服务对劳动力迁移的成本作用机理，根据这个理论，当劳动力迁移实现均衡时，人口聚集和公共服务供给会形成极端两极化，公共服务供给优质的城市会不断吸引劳动力，形成优质公共服务→劳动力聚集→增加公共服务供给→劳动力进一步聚集的循环，而公共服务供给不足的城市则始终保持着低下的公共服务水平（见图 6.3）。

6.2.2 公共服务的劳动者消费偏好分析

公共服务作为劳动力迁移的非经济因素动机，主要体现在以劳动力作为

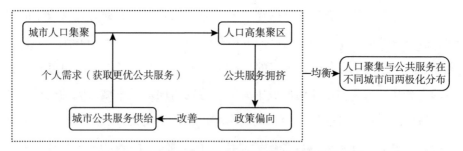

图6.3 公共服务和劳动力在不同城市间的分布机理

消费者角度的公共服务消费偏好方面。劳动力作为社会个体，从马斯洛需求层次理论看，至少生理和安全需求必不可少，物质保障带来的生理需要主要来自收入，而教育、医疗等带来的安全需要则主要来自优质的公共服务。

消费者行为理论指出个体对不同物品的消费效用不同，取决于个体对该物品的需求程度。式（6.1）表明劳动力迁移的效用取决于工资、公共服务等城市特征，但是由于劳动力具有异质性，不同劳动力对不同城市特征的消费效用不同。在图6.1劳动力迁移特征的圈层结构中，兼业化和非农化目的的劳动力在城市间迁移主要是为了获取更高的工资，实现养家糊口的生理需求，对他们而言，工资回报的效用远大于公共服务水平；而城镇化和市民化目的的劳动力可能多数已经满足生理需求，他们是为了优质的城市公共服务资源而进行迁移，他们更看重教育和医疗等资源水平。因此，不同劳动力由于消费效用的区别，导致消费行为不同。当劳动力迁移实现均衡时，不同劳动力之间的效用应该是一致的，但是对于城市特征组合的选择完全不同，主要源于劳动力对于各城市特征的消费效用有所不同。如果劳动力 W 和 Y 分别以兼业化和市民化为迁移目的，那么 W 的工资回报效用高于城市公共服务效用，Y 反之。当劳动力 W 和 Y 不再流动，城市间实现帕累托最优时，W 和 Y 的总效用相同，但是 W 选择了更高的工资收入，Y 选择了更优质的城市公共服务，如图6.4所示。

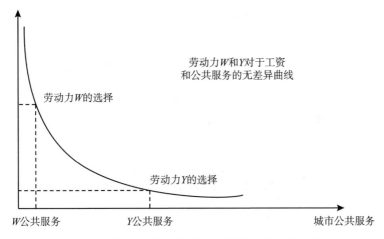

图6.4 劳动力对于工资和公共服务的无差异曲线

因此，公共服务对于劳动力影响还源于不同劳动力的消费偏好，高学历、高收入的劳动力迁移目的多是为了获取优质的教育、医疗、娱乐、基础设施等公共服务资源。教育资源关系下一代成长，许多高技术人才为了孩子的教育，选择通过人才引进或者内部调动等方式获取大城市的教育资源；随着人们生活水平的提高，健康问题受到更多关注，完善的公共医疗对城市人口集聚具有重要促进作用；基础设施和娱乐设施则始终吸引着年轻人的眼球，毕业生选择留在大城市的主要目的之一是大城市能够满足年轻人对生活的需求。

"用脚投票"理论强调了公共服务对劳动力迁移的成本比较，此外，公共服务影响劳动力迁移还取决于从消费者角度的劳动力消费偏好。在其他城市要素同质的条件下，公共服务影响劳动力迁移通过劳动力获取公共服务的成本确定；在不同城市特征共同作用下，公共服务影响劳动力迁移通过劳动力对公共服务的消费偏好决定。因此，公共服务影响劳动力迁移主要是由成本和效用共同决定的。

但是在公共服务对劳动力迁移的影响过程中，容易形成城市间公共服务水平和劳动力聚集的严重的两极分化，即公共服务水平高的城市快速吸引劳动力聚集、不断优化公共服务供给，而公共服务水平低的城市则难以吸引劳动力，无法提高公共服务水平，最终导致各城市劳动力分布不均衡，城市发展两极化。因此，要逐渐缩小城市间公共服务水平，促进城市间公共服务均等化，从而抑制劳动力的不平衡迁移，实现城市共同发展。

6.3　劳动力迁移中公共服务供需变化的机理分析

公共服务在影响劳动力迁移的同时，劳动力的空间集聚变化也会反作用于公共服务的供需变化。其中，公共服务通过成本和效用机制影响劳动力迁移，当劳动力源源不断地向公共服务优质的城市涌入时，公共服务需求骤增，带动公共服务改善，但是随着公共服务成本的不断投入，劳动力迁移的边际成本逐渐提高，直到劳动力迁移的边际成本等于城市公共服务供给的边际成本时，城市间劳动力迁移达到均衡。因此，劳动力迁移在需求理论和成本机制协同作用下，公共服务供需呈现动态变化。

6.3.1　劳动力迁移的公共服务需求变化曲线

劳动力由于消费需求迁移至公共服务供给完善的城市，从而带动城市公共服务需求的增长，且随着劳动力的迁移数量的增加和生活水平的提高，公共服务需求呈现指数增长。以北京市 2010～2018 年人口数量和教育经费支出为例，2010～2018 年户籍人口数和教育支出见表 6.2。随着人口迁移数的不断增加，北京市教育支出呈指数增长。假设市场上教育资源的供给满足劳动力需求，则说明劳动力对于教育资源的需求呈指数增长。

表 6. 2 　　　　　　　　2010～2018 年北京市人口和教育支出

项目	2010 年	2011 年	2012 年	2013 年	2014 年	2015 年	2016 年	2017 年	2018 年
户籍人口数（万人）	1245. 83	1257. 8	1277. 9	1297. 5	1316. 3	1333. 4	1345. 2	1363	1359
教育支出（万元）	3656677	4502155	5200778	6286510	6811775	7420541	8556654	8873761	9645817
人均教育支出（元）	2935	3579	4070	4845	5175	5565	6361	6510	7098

注：数据来源于历年《北京统计年鉴》。

从表 6. 2 可以看出，北京市教育支出逐年增长，将人口数和教育支出的散点图拟合起来，发现符合指数函数特征（见图 6. 5），人口数和教育支出的相关性系数 R^2 达到了近 0. 98，拟合结果可靠，在此基础上测算人均教育支出，发现 2010～2018 年北京市人均教育支出散点图基本呈线性增长的直线（见图 6. 6），人均教育支出与年份的相关性系数 R^2 为 0. 99。根据两个拟合结果可以得出，随着劳动力的迁移，迁移数量带来教育资源需求增长的同时，

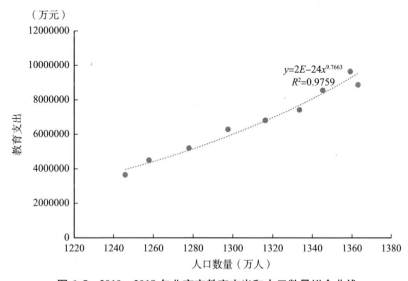

图 6. 5　2010～2018 年北京市教育支出和人口数量拟合曲线

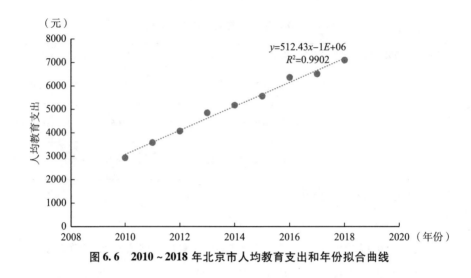

图 6.6　2010～2018 年北京市人均教育支出和年份拟合曲线

劳动力本身对教育资源的需求也在增长，即随着城市劳动力的不断增加，城市教育资源不断增加，同时随着时间的推移，生活水平不断提高，劳动力自身的教育资源需求也逐渐旺盛，这两方面原因导致劳动力迁移至城市的教育资源需求量呈现指数增长。

因此，从劳动力迁移对公共服务的需求角度看，在同一时点，假设有 n 个劳动力迁移至城市，劳动力 $i(i=1，2，3，…，n)$ 的城市服务需求是定值 Q_i，劳动力迁移至城市导致城市公共服务的总需求为 Q，有 $Q = \sum_{i=1}^{n} Q_i$，当城市公共服务供给对每个劳动力完全同质时，每个劳动力可以获取相同的城市公共服务，每个迁移至城市的劳动力都能获取满足其需求的供给，因此认为迁移至同一个城市的每个劳动力的城市服务需求相同，则有 $Q_i=Q_n$、$Q=nQ_n$，同一个时点的城市公共服务需求量和劳动力迁移量成正比，如图 6.7 中 AF 曲线，此时 n' 个劳动力对应的公共服务需求为 q_1。但是随着生活水平的不断提高，劳动力个体的公共服务需求逐渐增加，生活水平提高导致的公共服务需求增加见图 6.7，AF 曲线移动至 $A'F'$ 曲线，新的公共服务需求曲线为 $Q'=nQ_n'$，同样是 n' 个劳动力，此时的公共服务需求为 q_2。综上，从实践和理论两个角度分析，劳动力迁移至城市主要通过劳动力迁移总量和劳动力个体需求变化作用于城市公共服务需求。

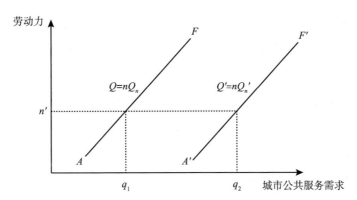

图 6.7　劳动力迁移中公共服务需求的演变趋势

6.3.2　劳动力迁移的公共服务供给变化曲线

虽然劳动力迁移通过需求增长作用于城市公共服务供给，但是随着公共服务供给的不断改善，城市公共服务供给成本压力日益增大，跟不上公共服务需求变化，当劳动力进入城市获取公共服务的边际收益等于边际成本时，劳动力不再继续流动，此时的城市公共服务两极化分布严重阻碍了城市间的协调发展，因此人口压力过大的城市需要疏散人口，确保城市承载人口在承载力范围之内，人口密度大的城市促进人口流出，人口密度小的城市则需要完善公共服务体系，缩小与大城市的公共服务差距，实现公共服务均等，促进人口流入。

从上述逻辑角度考虑，劳动力迁移的公共服务需求并不能无限制得到满足，随着人口的猛增，城市公共服务水平由于供给成本增加而逐渐放缓发展速度，公共服务的供给与劳动力之间的函数应该呈现"S"形。结合北京市2010～2018 年教育支出和人口数据拟合结果，教育支出符合指数函数，但是由于目前中国经济迅速发展，社会公共服务供给处在大规模改善阶段，总体上公共服务改善满足迁移劳动力的需求，即便如此，近几年北京因人口猛增形成的城市压力，规划疏散北京非首都核心功能，通过实现京津冀城市圈公共服务均等化疏散首都人口。因此，劳动力迁移导致的公共服务供给增长呈现"先急后缓"的趋势，供给和劳动力之间满足 Logistic 曲线（见图 6.8）。第一阶段：城市基础差，随着劳动力流入，城市公共服务建设缓慢；第二阶段：城市为了吸引劳动力聚集，大力改善公共服务，公共服务爆发式增长；第三阶段：随着劳动力的大量涌入，城市公共服务建设成本不断增加，城市承压越来越大，公共服务供给跟不上需求变化，供给速度放缓，此时城市应考虑疏散人口以减小城市压力。

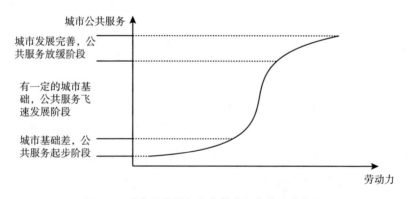

图 6.8　城市公共服务和劳动力迁移的拟合曲线

在城市劳动力迁移达到饱和之前，城市公共服务供给与劳动力迁移的拟合曲线与城市公共服务需求拟合曲线基本一致，符合指数增长形式，此时公共服务供给满足劳动力迁移的公共服务需求。这一阶段的公共服务供给和需求相似，受到劳动力数量和劳动力自身需求增加的双向挤压。随着城市劳动力的饱和，公共服务投入成本不断增大，城市压力骤增，公共服务供给放缓，此时劳动力迁入间接作用到城市公共服务的投入成本，成本压力过大而降低供给速度。因此，公共服务供给曲线可以分解如图 6.9 所示。在同一时点，每个劳动力的公共服务需求相同，供给等于需求，有 $S_i = S_n$，随着生活水平的提高，劳动力个体公共服务需求不断增加，供给也随之增加，供给曲线从 BG 移动到 B_1G_1，但人口数量增加导致城市公共服务供给成本压力明显，城市公共服务供给能力降低，供给曲线斜率发生变化，由 B_1G_1 旋转至 B_2G_2。人口集聚和人均公共服务需求增加导致城市公共服务供给指数增长趋势，供给成本提高则导致了城市公共服务对数增长趋势，总体而言，劳动力迁移导致的城市公共服务供给呈现 Logistic 曲线，供给曲线斜率先增后降。

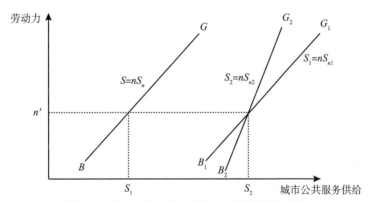

图 6.9 劳动力迁移中公共服务供给的演变趋势

基于供需理论，城市劳动力数量的增加以及劳动力自身对生活品质的提升加大了城市公共服务的需求，从而促进城市公共服务供给，但是城市公共服务供给成本压力超过其可承受区间时，公共服务供给速度下降，公共服务逐渐满足不了新迁入的劳动力，当劳动力迁移边际成本和边际收益相等时，城市间劳动力迁移达到均衡状态。

当城市间劳动力可以自由无障碍迁移时，公共服务对劳动力迁移的影响取决于劳动力迁移收益是否大于迁移成本，由于不同劳动力对城市特征的效用不同，倾向于公共服务的劳动力迁入公共服务供给完善的城市可获取的效益更高，公共服务的效用特征决定了其在劳动力迁移时的效益，当效用作用下的效益不同时，劳动力的选择完全不同，通过图6.4可以发现，效用相同的劳动力W和Y对城市的选择不同，W选择工资较高的城市，Y选择公共服务完善的城市，此时W和Y的边际收益都大于边际成本。因此，公共服务带来的劳动者消费效用的差异决定了消费效益的差异，从而决定了劳动者"用脚投票"的决策。通过劳动力不断的迁移，城市的公共服务需求日益旺盛，公共服务供给不断改善，进一步吸引劳动力聚集，从而形成了公共服务供给完善的城市规模不断扩大，供给不足的城市停滞不前，两极化发展严重，当大城市的城市压力达到极限值时，公共服务供给跟不上需求变化，劳动力迁移的效益越来越低，直至迁移的边际效益等于边际成本，劳动力不再迁移至大城市，公共服务和劳动力之间的相互关系如图6.10所示。

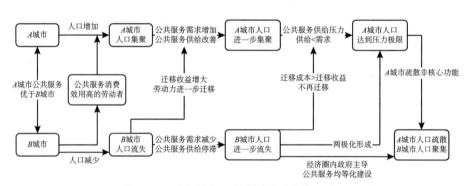

图6.10 公共服务—劳动力迁移的相互关系

根据公共服务与劳动力之间的相互作用分析，城市间劳动力分布最终实现两极化，大城市人口密度符合Logistic函数，但是人口规模N上限值K会随着时间t的变化而变化，当人口密度不断增大，劳动力迁移收益等于迁移成本时，城市人口会呈现震荡浮动的趋势，这个趋势在城市忍受上限和忍受下限之间上下浮动（见图6.11）。

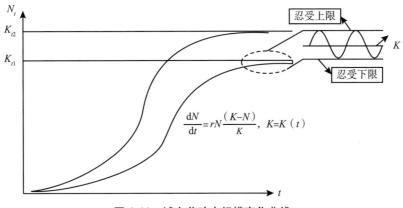

图 6.11 城市劳动力规模变化曲线

6.4 京津冀公共服务对劳动力迁移的作用过程

根据图 6.10 公共服务和劳动力迁移的相互作用分析，劳动力因为公共服务需求而进行的迁移源于公共服务的非均等化。城市间公共服务差异最终导致劳动力分布的两极化，此时大城市由于人口压力过大会通过政策手段疏散劳动力，小城市由于发展动力不足会通过改善公共服务，缩小与大城市公共服务差距，从而吸引劳动力。从城市公共服务供给层面看，京津冀经济圈公共服务极度不均等。以京津冀教育和医疗为例，2010～2018 年京津冀 13 个城市之间的人口数量、万人中小学教师数量和万人医师数量如表 6.3、表 6.4、表 6.5 所示。

表 6.3　　　　2010～2018 年京津冀 13 个城市人口数量变化　单位：人/平方公里

城市	2010 年	2011 年	2012 年	2013 年	2014 年	2015 年	2016 年	2017 年	2018 年
北京	759	766	779	791	802	813	820	831	828
天津	879	874	860	851	840	831	834	824	820

续表

城市	2010 年	2011 年	2012 年	2013 年	2014 年	2015 年	2016 年	2017 年	2018 年
石家庄	670	714	708	705	690	692	686	681	673
唐山	546	550	546	545	534	536	533	531	531
秦皇岛	381	381	378	378	375	373	371	369	368
邯郸	871	874	870	853	824	823	812	799	781
邢台	651	649	643	636	628	616	607	603	592
保定	542	545	543	541	526	530	524	525	522
张家口	128	129	129	129	129	129	129	128	127
承德	96	96	96	96	95	95	94	94	94
沧州	577	578	574	570	559	552	545	542	532
廊坊	738	732	718	702	658	675	662	653	644
衡水	518	520	516	517	511	505	504	503	498

注：数据来源于历年《中国城市统计年鉴》。

表 6.4　　　　2010～2018 年京津冀 13 个城市万人中小学教师数量变化　　单位：人

城市	2010 年	2011 年	2012 年	2013 年	2014 年	2015 年	2016 年	2017 年	2018 年
北京	79.86	78.99	79.60	80.28	81.81	82.85	84.33	85.35	88.61
天津	82.28	81.02	80.54	79.78	79.51	79.81	78.76	79.24	81.04
石家庄	86.86	79.54	78.22	72.71	76.62	76.80	77.99	78.61	80.47
唐山	81.87	80.78	80.27	80.22	81.47	78.22	79.67	80.34	82.19
秦皇岛	101.33	93.53	89.08	89.19	83.76	88.03	88.34	87.63	88.19
邯郸	91.27	84.03	80.49	74.62	76.45	78.89	79.46	81.33	83.12
邢台	83.72	79.55	76.23	75.65	74.88	76.71	78.79	80.31	81.45
保定	80.26	74.07	71.10	68.93	67.76	67.65	69.00	70.15	72.55
张家口	79.63	76.97	75.50	75.59	72.51	72.07	73.28	75.30	78.22
承德	80.16	77.98	76.15	75.16	71.56	71.42	73.84	75.95	78.30
沧州	83.61	80.18	78.45	79.05	76.88	77.61	79.73	82.24	86.18
廊坊	87.55	84.99	83.35	83.87	87.75	84.70	86.45	90.67	94.20
衡水	90.86	86.37	84.50	83.46	81.58	82.89	84.21	85.27	87.36

注：数据来源于历年《中国城市统计年鉴》。

表 6.5　　　　　　2010～2018 年京津冀 13 个城市万人医师数量变化　　　　单位：人

城市	2010 年	2011 年	2012 年	2013 年	2014 年	2015 年	2016 年	2017 年	2018 年
北京	50.05	52.44	54.58	63.35	65.20	67.19	71.70	65.60	69.48
天津	39.17	36.21	34.93	32.79	31.93	30.92	29.94	28.92	27.82
石家庄	35.44	30.62	28.75	24.90	26.97	23.00	22.02	21.91	20.58
唐山	24.75	24.65	24.24	23.53	24.55	24.07	21.85	21.43	19.03
秦皇岛	31.70	20.21	28.23	27.86	26.06	24.68	22.67	21.98	20.03
邯郸	19.82	18.80	16.85	16.36	15.60	14.90	13.33	13.04	12.79
邢台	22.19	20.34	19.39	19.18	18.38	17.26	14.29	13.80	13.43
保定	23.60	21.04	20.17	17.79	17.55	16.79	14.22	13.83	12.73
张家口	20.22	16.57	15.91	15.69	15.27	14.23	13.39	14.02	13.89
承德	25.61	22.18	21.36	20.97	20.32	19.83	18.60	19.27	18.97
沧州	24.72	23.65	22.74	20.83	20.54	19.55	16.69	16.58	14.89
廊坊	25.06	20.41	20.46	19.75	20.48	19.96	18.68	18.11	17.87
衡水	24.25	16.20	21.10	19.83	18.90	17.73	15.89	15.76	15.04

注：数据来源于历年《中国城市统计年鉴》。

根据表 6.3、表 6.4、表 6.5 可以看出，北京市教育和医疗在京津冀城市圈中始终最完善，保定市则基本垫底，因此北京市迁入人口数不断增加，北京市人口数呈现上升趋势，2018 年比 2008 年增加 9.08%，保定市人口数呈现下降趋势，2018 年比 2008 年下降 3.65%，总体来说，北京市是京津冀城市圈劳动力迁入城市，而保定市则是劳动力迁出城市，其他 11 个城市则可能在 13 个城市中相互迁移。教育和医疗的不均等供给导致了劳动力的迁移，劳动力迁移带动的 13 个城市的人口变动由公共服务消费效用→迁移收益成本比较→迁移决定→城市人口变动→公共服务需求变化→公共服务供给变化形成闭环。

6.4.1 公共服务影响劳动力迁移的过程

通过本书第4章测算，京津冀13个城市的公共服务水平排名为：北京市 >
天津市 > 秦皇岛市 > 石家庄市 > 承德市 > 唐山市 > 邢台市 > 沧州市 > 廊坊市 >
保定市 > 衡水市 > 邯郸市 > 张家口市。因此各城市之间公共服务影响的劳动
力迁移矩阵见表6.6。

表6.6　　　　　　　2010～2018年京津冀13个城市劳动力迁移矩阵

城市	北京市	天津市	秦皇岛市	石家庄市	承德市	唐山市	邢台市	沧州市	廊坊市	保定市	衡水市	邯郸市	张家口市
北京	1	0	0	0	0	0	0	0	0	0	0	0	0
天津	1	1	0	0	0	0	0	0	0	0	0	0	0
秦皇岛	1	1	1	0	0	0	0	0	0	0	0	0	0
石家庄	1	1	1	1	0	0	0	0	0	0	0	0	0
承德	1	1	1	1	1	0	0	0	0	0	0	0	0
唐山	1	1	1	1	1	1	0	0	0	0	0	0	0
邢台	1	1	1	1	1	1	1	0	0	0	0	0	0
沧州	1	1	1	1	1	1	1	1	0	0	0	0	0
廊坊	1	1	1	1	1	1	1	1	1	0	0	0	0
保定	1	1	1	1	1	1	1	1	1	1	0	0	0
衡水	1	1	1	1	1	1	1	1	1	1	1	0	0
邯郸	1	1	1	1	1	1	1	1	1	1	1	1	0
张家口	1	1	1	1	1	1	1	1	1	1	1	1	1

注：横向表示迁移城市，纵向表示被迁移城市，1表示会迁移，0表示不会迁移。

公共服务消费效用高的劳动者迁入北京市的效益最高,追求完善公共服务的劳动力会从其他 12 个城市迁入北京市,而张家口市的劳动力会迁入至京津冀城市圈中的其他任何一个城市,公共服务水平居间的城市则会同时存在劳动力的迁入和迁出。综合来看,公共服务越完善,人口聚集越明显,根据表 6.2 可以看出,北京市公共服务水平高,其人口密度也相对较高,显然公共服务通过效用理论影响劳动力迁移收益,京津冀 13 个城市之间的流动取决于劳动力的迁移收益是否大于迁移成本。

6.4.2 劳动力反作用公共服务改善的过程

从本书第 4 章 2001~2018 年京津冀总体公共服务水平变化结果看,北京市各年公共服务水平均处在相对高位上,而张家口市公共服务水平则始终处在相对低位上。这印证了本章"公共服务—劳动力迁移"的城市两极化发展结论。对京津冀城市圈而言,拥有完善公共服务供给的北京市在劳动力迁入过程中会不断增加公共服务供给,公共服务维持在较高水平波动,相比而言,张家口市劳动力不断迁出,公共服务供给动力不足,公共服务水平维持在低位波动。但是随着人口的不断迁入,北京市人口压力过大,公共服务供给跟不上需求的增长,供给水平在 2014 年 0.916 之后有较大幅度的下滑。因此,京津冀各城市间劳动力的迁移带动了诸如北京等大城市公共服务需求的增加,从而改善公共服务,公共服务水平持续保持高位,诸如张家口市等公共服务不完善的城市则由于劳动力迁出而缺乏改善公共服务的动力,公共服务水平偏低,从图 6.12 中可以看出,整个河北省公共服务水平始终处于低位。

京津冀各城市公共服务水平和人口密度总体呈现北京市、天津市高,河北省低的特征。说明劳动力迁移与公共服务水平之间关系密切。公共服务和劳动力变化呈现螺旋式相互耦合过程,公共服务通过效用理论和成本理论反作用于劳动力,劳动力则通过供需理论反过来作用于公共服务。

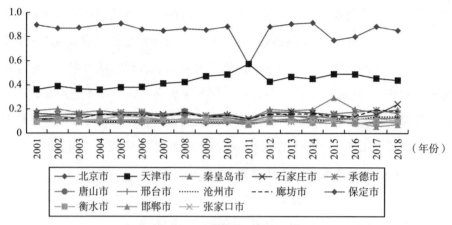

图 6.12　2001～2018 年京津冀公共服务水平

6.5　本章小结

公共服务均等化是疏散北京非首都功能、实现京津冀协同发展和劳动力均衡分布的重要前提。要实现京津冀不同城市之间的公共服务均等化，促进劳动力均匀流动，需要厘清公共服务和劳动力迁移之间的作用机制，测算不同公共服务内容对劳动力迁移的影响程度，从而有针对性地提出公共服务均等化方向。

劳动力迁移动机来源于经济因素和非经济因素两个层次，具体包括劳动力生产要素、劳动力消费要素、劳动力社会人要素和外部制度因素四个方面。不同劳动力对不同城市特征因素的效用不同，所有影响劳动力迁移的因素综合作用，形成了劳动力迁移的总效用，从而支配劳动力迁移行为。当生产、消费和社会人因素作用条件下的劳动力迁移回报高于成本，且劳动力冲破制度因素，获取迁移城市居民身份，则劳动力选择永久性迁移，这类劳动力通常通过招生、招工、干部调动等方式迁移；当劳动力迁移回报高于成本，但无法获取城市居民身份时，劳动力可能会改变常住地，但是仍然无法完全脱离与原居住地的联系；当迁移劳动力的生产需求大于消费和社会人需求，那么一旦迁移的经济效用较大，就会选择短暂性的迁移，从而获取经济效用，满足经济效用后会选择回归故里，这类劳动力通常在迁移城市从事工作稳定性差、环境糟糕的第二部门工作。

公共服务和劳动力迁移之间的耦合过程表现在：当城市间劳动力可以自由无障碍迁移时，公共服务对劳动力迁移的影响取决于劳动力迁移收益是否大于迁移成本，由于不同劳动力对城市特征的效用不同，倾向于公共服务的劳动力迁入公共服务供给完善的城市可获取的效益更高，公共服务的效用特征决定了其在劳动力迁移时的效益，当效用作用下的效益不同时，劳动力的选择完全不同。公共服务带来的劳动者消费效用的差异决定了消费效益的差异，从而决定了劳动者"用脚投票"的决策。通过劳动力的不断迁移，城市的公共服务需求日益旺盛，公共服务供给不断改善，进一步吸引劳动力聚集，从而形成了公共服务供给完善的城市规模不断扩大，供给不足的城市停滞不前，两极化发展严重，当大城市的城市压力达到极限值时，公共服务供给跟不上需求变化，劳动力迁移的效益越来越低，直至迁移的边际效益等于边际成本，劳动力不再迁移至大城市。

总体来说，京津冀各城市中，公共服务消费效用高的劳动者迁入北京市的效益最高，追求完善公共服务的劳动力会从其他 12 个城市迁入北京市，而张家口市的劳动力会迁入至京津冀城市圈中的其他任何一个城市，公共服务水平居间的城市则会同时存在劳动力的迁入和迁出，然而京津冀各城市间劳动力的迁移带动了诸如北京等大城市公共服务需求的增加，从而改善公共服务，公共服务水平持续保持高位，诸如张家口市等公共服务不完善的城市则由于劳动力迁出而缺乏改善公共服务的动力，公共服务水平偏低。劳动力迁移带动的 13 个城市的人口变动由公共服务消费效用→迁移收益成本比较→迁移决定→城市人口变动→公共服务需求变化→公共服务供给变化形成闭环。

第 7 章

京津冀协同发展背景下公共服务
影响劳动力迁移的实证分析

7.1 面向公共服务的条件
Logit 模型构建

为追求更好的公共服务和薪资待遇，改革开放以来京津冀区域出现了不同程度的劳动力迁移热潮。追根溯源，劳动力迁移本质上是"用脚投票"机制的体现，即基于个人比较成本，劳动力倾向选择流入期望效用最大化的城市。基于劳动力迁移的经济因素和非经济因素动机，劳动力选择流入某城市所能获得的期望效应见式（7.1）：

$$U_{ij} = \alpha S_{ij} + \beta W_{ij} + \delta Z_{ij} + \varepsilon_{ij} \quad (i = 1, 2, 3, \cdots, I; \ j = 1, 2, 3, \cdots, J)$$

$$(7.1)$$

其中，i 为不同的劳动力个体，j 为劳动力迁移时可选择的目标城市，U_{ij} 为劳动力 i 流入城市 j 时所获得的期望效用，S_{ij} 为目标城市 j 的公共服务特征向量，W_{ij} 为目标城市 j 的薪资水平，Z_{ij} 为目标城市 j 其他特征向量，ε_{ij} 为未观测的因素。

基于期望效用最大化准则，劳动力在选择流入目标城市时满足式（7.2）：

$$U_{ij} \geqslant U_{ik}, \quad \forall j \neq k \tag{7.2}$$

因此，劳动力流入某城市的概率见式（7.3）：

$$Probit(C_j \mid L_i) = Probit(U_{ij} \geqslant U_{ik}, \ \forall j \neq k) = Probit(\alpha_i S_{ij} + \beta_i W_{ij} + \delta Z_{ij}$$
$$+ \varepsilon_{ij} \geqslant \alpha_k S_{ik} + \beta_k W_{ik} + \delta_k Z_{ik} + \varepsilon_{ik}, \ \forall j \neq k) \tag{7.3}$$

假设 ε_{ij} 满足独立同分布且服从极值 I 型分布，则式（7.3）劳动力流入某城市的概率满足式（7.4）。其中，被解释变量 $Choice_{ij}$ 是劳动力选择城市的二值变量，满足式（7.5）。由于每个劳动力 i 面临 j 个城市选择，因此实际观测样本数为劳动力个数与城市数的乘积（$I \times J$）。

$$Probit(Choice_{ij} = 1) = \frac{\exp(\alpha_j S_{ij} + \beta_j W_{ij} + \delta_j Z_{ij})}{\sum_{k=1}^{j} \exp(\alpha_k S_{ik} + \beta_k W_{ik} + \delta_k Z_{ik})} \tag{7.4}$$

$$Choice_{ij} = \begin{cases} 1, & \forall j \neq k, \ U_{ij} \geqslant U_{ik} \\ 0, & \exists j \neq k, \ U_{ij} \geqslant U_{ik} \end{cases} \tag{7.5}$$

基于麦克法登（1974）的条件 Logit 模型，对式（7.4）中的 α、β 及 δ 等参数进行估计，从而测算公共服务、工资及其他城市特征向量对劳动力选择目标城市的影响。其中，当参数为正，则解释变量对劳动力选择城市产生正向影响，且参数值越大，影响程度越大，被选择的概率也越大；反之则产生反向影响，被选择的概率也越小。

而本书除研究城市特征对劳动力迁移的影响之外，还深入探究劳动个体特征异质性对城市选择的影响。在条件 Logit 模型分析中，本书通过设置劳动力个体特征与城市特征的交叉变量进行研究，其中城市特征向量主要为公共服务和薪资水平，因此主要测算这两种解释变量影响劳动力迁移的异质性 [见式 (7.6)]。

$$Probit(Choice_{ij} = 1) \frac{\exp(\alpha_j S_{ij} + \beta_j W_{ij} + \delta_j Z_{ij} + \gamma_j I_{ij})}{\sum_{k=1}^{J} \exp(\alpha_i S_{ik} + \beta_k W_{ik} + \delta_k Z_{ik} + \gamma_k I_{ik})} \quad (7.6)$$

其中，I_{ij} 为劳动力个体特征与城市特征向量的交叉变量，γ_j 为交叉变量的解释系数。

7.2 流动劳动力及城市特征的数据来源和参数标定

7.2.1 数据来源

基于模型设定，本书将选用劳动力个体的微观数据和京津冀区域城市特征的宏观数据进行分析。其中，劳动力个体特征及城市选择的微观数据来源于 2005 年全国 1% 人口抽样调查微观数据，城市特征数据则来源于《中国城市统计年鉴》及《中国区域经济统计年鉴》，其中 2005 年全国 1% 人口抽样调查的统计对象为截至 2005 年 11 月 1 日 0 时的人口数量，且存在 1.72% 的漏登率，因此为保证回归分析的准确性，本研究将采用 2004 年京津冀区域的城市特征数据。

本研究设置劳动力流入的目标城市范围为京津冀区域，分别为北京市、天津市、石家庄市、唐山市、秦皇岛市、邯郸市、邢台市、保定市、张家口市、承德市、沧州市、廊坊市及衡水市 13 个城市；而筛选出劳动力样本中的缺失值和异常值后，劳动力的有效个体数为11673个，因此实际有效样本观测数为 $11673 \times 13 = 151749$ 个。

7.2.2 京津冀劳动力个体特征层面变量

本研究中的行为主体为京津冀区域城市中的流动劳动力，因此在2005年全国1%人口抽样调查的人口数据中需满足以下条件：（1）户口登记地与所在城市不匹配；（2）劳动力个体年龄在15~64岁；（3）非在校学生；（4）目前有工作且收入不为0；（5）由于务工经商原因而离开户口登记地。在剔除缺失值和异常值后，符合条件的劳动力个体数量为11673个，但由于劳动力流入的目标城市限制为京津冀区域，因此筛选出上述13个城市的劳动力个体数量，最终条件 Logit 回归分析中包含了11673个劳动力个体数量。基于2005年全国1%人口抽样调查数据，可得劳动力个体特征的描述性统计见表7.1。

表 7.1　　　　　　　　流动劳动力个体特征的描述性统计

变量	Obs	Mean	Std. Dev.	Min	Max
年龄	11673	30.733	10.072	16	63
性别（男=1）	11673	0.608	0.488	0	1
受教育年限	11673	9.62	2.664	0	19
婚姻状况（未婚=1）	11673	0.37	0.483	0	1
流动性水平	11673	0.224	0.417	0	1
户口所在地	11673	0.488	0.5	0	1
独生子女	11673	0.214	0.41	0	1

在劳动力个体特征变量层面，年龄指标均在15~64岁；性别指标中男性为1，女性则为0；受教育年限指标中，基于受教育程度折算成相应的受教育年限，其中定义未上过学为0年，小学为6年，初中为9年，高中为12年，大学专科为14年，大学本科为16年，研究生及以上为19年；婚姻状况指标

中未婚指标为 1，其他情况为 0；流动性水平指标中，定义离开户口所在地 1 年以下为短期流动，指标为 1，而 1 年及以上为长期流动，指标为 0；户口所在地指标中，户口登记城市属于东部沿海城市指标为 1，其他情况为 0；家庭中属于独生子女指标为 1，非独生子女指标为 0。

7.2.3　京津冀区域城市层面变量

京津冀区域是国家发展战略中的"首都经济圈"，通过中心城市经济发展的辐射效应及带动效应，实现京津冀经济圈协同发展。基于 2005 年全国 1% 人口抽样调查数据，全国 294 个地级市中京津冀区域以 4.42% 的城市占比承担了全国 9.80% 的劳动力流入数量，是劳动力迁移的主要目标城市，因此京津冀区域劳动力迁移的回归分析具有实际参考价值。

本研究中京津冀区域城市的特征变量主要为公共服务、薪资水平、失业率、城市人口规模、区域发展水平、产业结构、固定资产投资水平及房价等，相应表征变量见表 7.2。其中，公共服务变量是本书劳动力迁移研究中的核心解释变量。劳动力为追求城市公共服务中公共物品和公共资源而选择目标城市流入，其中城市的医疗、教育等公共资源不具有排他性但具有竞争性，而城市的基础设施、文娱设施及治安防护等公共物品既不具有排他性也不具有竞争性。因此，本研究选择与劳动力直接相关的教育水平、医疗服务、基础设施及文娱设施表征城市的公共服务变量。基于文献研究和经验分析，首先，教师数量越多教师技能水平就越高，且给定教师总量下学生越少教学质量越高，因而生均专任教师数量能够最直接反映地方城市的教育水平；其次，为满足公民的健康需求，地方城市最基础的医疗条件是医院数量及规模，基于数据的可得性，采用万人床位数表示城市医院的规模特征，且同理可得医生数量越多医疗质量越好，因此选用万人医院数、万人医生数和万人床位表征医疗服务变量；另外，基础设施是地方政府满足居民基本生活需求所提供的基本工程设施，而安全稳定的生活水电供给和发达便捷的交通条件分别能满足公民的生存需求和出行需求，因此本研究采用实有城市道路面积、实有公共营运汽电车辆和人均家庭生活用水量共同表征基础设施变量；最后，劳动力在满足基本的生活需求后会寻求更高的"马斯洛需求层次"，其中地方城市的影院及图书馆最能直接反映居民的精神文化需求，因此本研究选用城市影院个数和图书馆藏书数量表征文娱设施变量。但由于教育水平、医疗服务、基础设施及文娱设施等变量在条件 Logit 回归分析中存在多重共线性现象，以及表征变量存在量纲不一致问题，因此为保证实验结果的准确性，首先将各表征变量按式（7.7）无量纲化，并通过加权平均法求得不同城市特征值，且其他类似情况也做相同处理。

$$V'_{ij} = \frac{V_{ij} - V_{min}}{V_{max} - V_{min}} \tag{7.7}$$

表7.2 目标城市的特征变量

变量		描述
公共服务	教育水平	2004 年城市中学生均专任教师数和小学生均专任教师数无量纲化的均值
	医疗服务	2004 年城市万人医院数、万人医生数和万人床位数无量纲化的均值
	基础设施	2004 年实有城市道路面积、实有公共营运汽电车辆和人均家庭生活用水量无量纲化的均值
	文娱设施	2004 年城市影院个数、图书馆图书藏量无量纲化的均值
薪资水平		2004 年城市职工平均工资水平
就业水平		2004 年城市登记失业人数/（登记失业人数＋登记就业职工数）
产业结构		2004 年城市第二产业占 GDP 的比重/第三产业占 GDP 的比重
固定资产投资水平		2004 年城市固定资产投资/地区生产总值
城市人口规模		2004 年末城市登记人口数量
区域发展水平		2004 年末城市人均地区生产总值
房价		2004 年城市商品房销售总额/销售总面积
省会城市		省会为 1，反之为 0

薪资水平是劳动力迁移研究中的另一组重要变量。根据劳动经济学视角，流动劳动力迁移的首要原因是经济因素动机。基于个人比较成本，劳动力选择暂时性或永久性流入期望经济收入最大化的城市，其中地方城市的薪资水平是最直接的体现。因此，本研究在劳动力迁移分析中以城市职工平均工资水平表征薪资水平变量，从而与公共服务变量进行对比分析。

本研究还控制了城市特征中的就业水平、产业结构和固定资产投资水平等变量。首先，劳动力流入目标城市后，为满足基本生活需求的首要活动为再就业，而失业率反映了当地城市的就业前景及难易程度。失业率越低表明经济发展越有活力，市场信心相对充足，更能有效吸引流动劳动力。其次，不同产业结构比例对流动劳动力的容纳能力也不尽相同。20世纪初我国经济社会处于工业化的转型升级进程，工业化程度高的城市能够提供更为充足的就业岗位和机会。考虑到数据的可得性和产业结构比例的合理性，第二产业的比重最能体现当地城市的产业结构层次。最后，经验分析表明固定资产投资能够在短期内引发大量工作刚需，增强市场信心而吸引接纳外来流动劳动力，因此，本研究选用城市登记的失业人数/（登记失业人数＋登记就业职工数）、城市第二产业占GDP比重与第三产业占GDP比重之比以及固定资产投资与地区生产总值之比分别表征城市就业水平、产业结构及固定资产投资等变量。

另外，本研究还控制了城市人口规模和区域发展水平等变量。根据经验分析，城市经济发展水平越高，对流动劳动力的吸引力越强。而基于"社会人"的学习匹配需求和交流共享机制，人口规模的扩大有助于劳动力实现高层次的社交、尊重及自我需求，且人口规模更容易发挥经济发展的规模效应，提升当地城市的就业水平及薪资待遇。为消除流动劳动力不稳定及滞后性的影响、提升回归分析的准确性，本研究选用城市登记人口数量和人均地区生产总值表征城市人口规模和区域发展水平变量。

房价直观体现了当地城市的生活成本。房价高低影响了劳动力迁移的暂时性和永久性，房价越高，劳动力越倾向于选择暂时性流动；房价越低，劳动力越倾向于选择永久性流动。且房价与公共服务之间相辅相成，完善公共服务有利于拉动周边房价的升高，反之高房价易推动建设周边公共服务设施。因此，控制房价变量有利于反映当地城市的实际公共服务水平，解决回归分析的内生性问题。

此外，本研究通过设置省会城市变量控制城市行政地位中对公共方服务、薪资待遇及劳动力迁移中的不可观测因素，还通过控制固定效应从而控制其他不可观测因素的影响。京津冀区域城市特征描述性统计信息见表7.3。

表7.3 目标城市特征的描述性统计

变量	观测数	平均值	标准差	最小值	最大值
教育水平	13	0.5685295	0.1967357	0.304275	1
医疗服务	13	0.4714341	0.1963254	0.276209	0.951102
基础设施	13	0.3485337	0.2036508	0.172968	0.802441
文娱设施	13	0.5581537	0.2971228	0.136807	1
薪资待遇	13	0.4754561	0.1740593	0.333807	1
就业水平	13	4.153951	1.163093	1.89492	6.59854
产业结构	13	0.8266843	0.2611454	0.442068	1.26639
固定资产投资	13	0.5424495	0.1889566	0.312795	1
城市人口规模	13	681.28	288.8428	273.290	1148.82
区域发展水平	13	16347.23	9065.46	8352	37058
房价	13	1804.816	1179.835	182.721	5052.994
省会	13	0.2307692	0.438529	0	1

注：目标城市部分特征变量进行了无量纲化处理，因此变量值小于1。

7.3　京津冀公共服务影响劳动力
迁移的回归分析

7.3.1　公共服务城市特征的回归分析

表 7.4 为目标城市特征对劳动力迁移影响的条件 Logit 回归分析结果。本研究首先对城市的公共服务特征对劳动力迁移的影响进行回归（见回归分析 1），其中回归系数虽然不能表示解释变量对劳动力迁移的边际影响，但基于式（7.8），可将回归系数近似看作城市特征 j 的平均概率弹性，即解释变量的单位变化会引起目标城市被选择概率的回归系数值变化。

表 7.4　　　　　城市特征影响劳动力迁移的回归分析

解释变量	回归分析 1	回归分析 2	回归分析 3	回归分析 4	回归分析 5
教育水平	2.513781 *** (0.35665)	2.476642 *** (0.525244)	2.741409 *** (0.4798174)	2.082279 *** (0.4332111)	1.912248 *** (0.4486941)
医疗服务	0.1934645 *** (0.1333741)	0.1563252 *** (0.4086226)	2.388693 *** (0.4548738)	3.692831 *** (0.4441696)	3.785036 *** (0.4432585)
基础设施	4.904405 *** (0.3238604)	4.922127 *** (0.3722202)	3.761892 *** (0.3282909)	3.230075 *** (0.3346259)	3.459483 *** (0.3511012)
文娱设施	1.941363 *** (0.1744931)	1.940886 *** (0.1745969)	1.998198 *** (0.1938855)	1.49233 *** (0.1833268)	1.58805 *** (0.1897264)
薪资水平		0.0499312 *** (0.519148)	0.2945804 *** (0.5514175)	2.688304 *** (0.5792349)	2.006554 *** (0.6422562)
就业水平			-0.767855 *** (0.0607533)	-0.48984 *** (0.0596634)	-0.4534195 *** (0.0629399)

续表

解释变量	回归分析 1	回归分析 2	回归分析 3	回归分析 4	回归分析 5
产业结构				1. 609276 *** (0. 1711661)	1. 598625 *** (0. 1749009)
固定资产投资水平					0. 935943 *** (0. 3915448)
城市人口规模					
区域发展水平					
房价					
省会					
固定效应	YES	YES	YES	YES	YES
Chi^2	35838. 41	35839. 41	36044. 07	36138. 21	36143. 96
Pseudo R^2	0. 5985	0. 5985	0. 6019	0. 6035	0. 6036
观测样本数	151749	151749	151749	151749	151749
目标城市数量	13	13	13	13	13
劳动力个数	11673	11673	11673	11673	11673
解释变量	回归分析 6	回归分析 7	回归分析 8	回归分析 9	回归分析 10
教育水平	1. 628123 *** (0. 6229655)	1. 540417 *** (0. 6449222)	1. 809771 *** (0. 7463955)	1. 683986 *** (0. 7483354)	0. 3183039 *** (0. 141449)
医疗服务	3. 41668 *** (0. 7076558)	3. 449037 *** (0. 7305413)	3. 059461 *** (0. 9043845)	3. 497157 *** (0. 9551484)	0. 259648 *** (0. 1801639)
基础设施	3. 832472 *** (0. 6619784)	3. 129214 *** (0. 7792881)	3. 287983 *** (0. 8065806)	2. 306143 *** (1. 088604)	0. 451225 *** (0. 2129986)
文娱设施	1. 230404 *** (0. 5698102)	1. 214765 *** (0. 5855101)	0. 946393 *** (0. 6892279)	0. 564934 *** (0. 7232138)	0. 16127 *** (0. 2064538)
薪资水平	1. 785468 *** (0. 7247524)	0. 800430 *** (0. 8637925)	1. 075224 *** (0. 9400841)	0. 595266 *** (1. 006847)	0. 59547 *** (0. 1683763)
就业水平	- 0. 448802 *** (0. 0636257)	- 0. 405183 *** (0. 0691219)	- 0. 397485 *** (0. 0707183)	- 0. 307378 *** (0. 0952763)	- 0. 34349 *** (0. 1064682)

续表

解释变量	回归分析 6	回归分析 7	回归分析 8	回归分析 9	回归分析 10
产业结构	1.587618 *** (0.1751266)	1.569043 *** (0.1713666)	1.575583 *** (0.1715145)	0.707207 *** (0.6284652)	0.177439 *** (0.1576827)
固定资产投资水平	0.755509 *** (0.4815696)	1.384646 *** (0.5726517)	1.185204 *** (0.6324892)	1.527479 *** (0.6737298)	0.277305 *** (0.1223117)
城市人口规模	0.0003469 *** (0.0005225)	0.0003307 *** (0.0005348)	0.0005045 *** (0.0005825)	0.000266 *** (0.000607)	0.0738281 *** (0.1684424)
区域发展水平		0.0000339 *** (0.0000158)	0.000034 *** (0.0000158)	0.0000544 *** (0.0000218)	0.4741043 *** (0.1896592)
房价			0.000114 *** (0.0001564)	0.0000275 *** (0.0001658)	0.0311169 *** (0.1878904)
省会				0.9440448 *** (0.6605643)	0.397751 *** (0.2783132)
固定效应	YES	YES	YES	YES	YES
Chi^2	36144.4	36149.09	36149.63	36151.58	36151.58
Pseudo R^2	0.6037	0.6037	0.6037	0.6037	0.6037
观测样本数	151749	151749	151749	151749	151749
目标城市数量	13	13	13	13	13
劳动力个数	11673	11673	11673	11673	11673

注: ***代表回归结果在1%的显著性水平下显著;括号内为回归系数的标准误差项。

$$E_k = \sum_{i=1}^{I} \sum_{j=1}^{J} E_{ij}^k = \frac{J-1}{J} \theta_k \qquad (7.8)$$

其中,J 表示劳动力迁移的目标城市数量,θ 表示解释变量的回归系数值,E 表示解释变量的平均概率弹性。

在表7.4回归分析1中,本研究考虑了教育水平、医疗服务、基础设施及文娱设施等公共服务对劳动力迁移的影响。回归结果表明,在1%的显著性水平下,公共服务解释变量对劳动力迁移均产生了显著的正向影响,即流动劳动力倾向于选择教育水平较高、医疗服务先进、基础设施完善及文娱设施齐全的目标城市。另外，在公共服务变量的四个方面中，流动劳动力倾向于选择教育水平和基础设施优质的城市。其中，"教育强国"是我国的基本战略思想，且九年义务教育政策也落地实施，教育观念在流动劳动力之中基本成型。而长期外出务工家庭的子女往往面临在当地城市借读的问题，因此教育资源优质的目标城市对流动劳动力的吸引力较大；且基于经验分析，教育环境也能在一定程度上反映城市的发展前景，教育资源丰富的城市能够提供稳定人才支撑，从而拉动当地经济发展，为流动劳动力提供充足的就业机会，因此教育水平是影响劳动力迁移的重要标准。而基础设施则反映了目标城市的经济发展程度，基础设施越发达表明城市经济发展越强劲，市场活力越充足，流动劳动力的发展前景越广阔；同时基于个人比较成本，完善的基础设施能够降低当地居民的生活成本，通过周边惠民便民场所和降低交通出行费用等方式提高居民的生活效用水平。因此教育资源丰富、基础设施完善的目标城市备受流动劳动力青睐。

而目标城市的医疗服务和文娱设施等特征对流动劳动力的吸引程度相对较弱。其中在医疗服务层面，一方面伴随着"全民医保"政策的实施，看病难、看病贵的现象得到一定缓解，不同城市之间的医疗差距得以缩小；另一方面追求医疗服务而引起的劳动力迁移更多是短期流动，具有流动时间短、区域性及不确定性强等特点，从而影响了劳动力迁移的回归分析。而文娱设施属于社交、尊重及自我实现等高层次需求，不属于绝大多数流动劳动力的首要迁移动机，因而文娱设施对流动劳动力的吸引力相对较弱。但同时当地城市医疗服务、文娱设施的发展离不开区域城市经济的支撑，目标城市经济基础越稳固，医疗服务和文娱设施等上层建筑越优质。医疗服务先进、文娱设施多样化的城市侧面反映了其经济发达程度。而流动劳动力更多地基于经济性迁移动机，因此在回归分析中医疗服务和文娱设施对劳动力的流动存在正向影响，这也与实际经验相符。

7.3.2 其他城市特征的回归分析

在表 7.5 回归分析 2 和回归分析 3 中，本研究通过控制薪资待遇和失业率等城市特征，探究了流动劳动力为追求优质就业环境而开展的流动。结果表明，薪资待遇越高，对流动劳动力的吸引程度越强；而以失业率为表征的就业水平回归系数为负，表明对劳动力迁移产生了负面影响，即高失业率会阻碍劳动力迁移。基于劳动力经济学，流动劳动力选择迁入目标城市的首要动机为经济因素，即为满足生存需求或追求高品质生活而发生的流动。其中，薪资待遇和就业水平是经济因素最直观的表现，从而推动劳动力由边际工资率较低、工作相对稀缺的城市流入薪资待遇丰厚、工作机会充足、就业环境稳定的目标城市，形成区域间的"城际流动"。同时，先入劳动力还通过示范带头效应拉动了后入劳动力的流动。

本研究通过表 7.4 回归分析 4 和回归分析 5 探究了目标城市产业结构和固定资产投资对劳动力迁移的影响。二者的回归系数均为正，表明第二产业比重越大、固定资产投资越高，劳动力迁移效应越明显。基于劳动力要素、资本要素及创新要素"三驾马车"共同驱动，我国经济实现了高质量、高效率、高产量的稳定发展，产业转型升级效应明显。其中，三次产业比例分别表现为第一产业不断下降，第二产业不断上升且稳中有降，第三产业持续上升；且当前三次产业中第二产业就业吸纳能力最强，因此基于产业经济学理论，产业结构中第二产业比重较高的目标城市能够提供更为充足的就业岗位，从而吸引流动劳动力的迁移。另外，为有效避免实体经济空心化现象，我国给予实体经济政策和经济上的扶持，有效刺激了就业渠道。其中，固定资产投资有力支撑了实体经济发展，且固定资产投资具有规模效应，在降低生产成本的同时能够带动市场经济高效发展，从而对提升就业水平和吸引流动劳动力产生积极的正向影响。

另外，在表7.4回归分析6和回归分析7中本研究还控制了目标城市的人口规模和区域发展水平等特征变量，测度了不同变量的回归系数均为正值，表明对当地城市吸纳流动劳动力均产生了正向影响。城市人口规模有利于发挥人力资本外部化的规模效应，并基于人才集聚实现区域经济的空间耦合，在拉动城市经济发展、提高薪资待遇的同时还能创造额外的就业机会，吸引接纳流动劳动力的迁移。而人均地区生产总值是反映城市经济发展的宏观经济指标。人均地区生产总值有助于控制廉价劳动力的人力资本优势，反映当地城市实际的经济水平。因而人均地区生产总值越高，地区经济发展程度越高，同时居民生活水平相对优越（基于同质同价产品），从而通过先迁劳动力的先锋效用拉动流动劳动力迁移。

最后，本研究还分析了房价和省会等城市特征的影响。其中，房价作为居民生存成本的量化形式，是周边环境公共服务（教育水平、医疗服务、基础设施及文娱设施）资本化的体现。理论层面上房价越高越会抬升劳动力生存成本，进而抑制流动劳动力的迁移；但实际经验表明，房价通常与当地城市公共服务水平、薪资待遇及区域发展水平挂钩，房价越高表明公共服务越优质、薪资待遇越丰厚且经济发展程度相对发达，从而吸引流动劳动力迁移。而房价的回归系数为正值，表明劳动力倾向于选择流入房价更高的城市，即房价对流动劳动力仍以吸收效用为主。最后，本研究还控制了目标城市的省会特征，省会变量的回归系数为正，表明流动劳动力倾向于选择省会城市迁移。原因在于省会城市通常处于经济发展的重要战略地位，是国家及地方"政绩形象工程"的首要表现，因而省会城市的经济政策和就业形势相对优越，从而提升流动劳动力的选择概率。另外，在表7.4回归分析10中本研究将城市特征变量按式（7.7）进行标准化处理，分析了所有城市特征变量对流动劳动力迁移的相对影响（见表7.5）。其中，在控制其他因素的条件下，公共服务、薪资待遇、区域发展水平及省会等特征变量是京津冀区域流动劳动力选择目标城市的重要考量因素，且相对于公共服务水平，薪资待遇对流

动劳动力的吸引力度更加强劲，这也与夏怡然等（2015）的研究结论基本
一致。

综合上述回归分析结果，本研究基本印证了京津冀区域城市的流动劳动
力中存在"用脚投票"机制，流动劳动力基于比较成本选择公共服务完善、
薪资待遇丰厚、失业率更低、产业结构和固定资产投资水平优质的目标城市
迁移，实现个人期望效用的最大化。

7.4 京津冀公共服务影响劳动力迁移的稳健性检验

7.4.1 消除公共服务相关行业就业的稳健性检验

在前面的公共服务、薪资水平等目标城市特征变量与流动劳动力的回归
分析中，本研究通过 2005 年全国 1% 人口抽样调查的人口数据和京津冀区域
城市的经济数据进行分析。但是，在目标城市的教育水平、医疗服务、基础
设施及文娱设施等公共服务特征水平相对较高的城市，公共服务相关行业的
就业人员需求也相对较高，即流动劳动力的迁移动机不仅局限在目标城市较
好的教育水平、先进的医疗服务、完善的基础设施及多样化的文娱设备等方
面，而且由于目标城市相关行业巨大的就业人员需求所导致的"工作性流
动"，对条件 Logit 模型回归结果产生一定干扰性（张海峰等，2019）。

为消除在目标城市公共服务相关行业就业因素的内生性影响，本研究在
2005 年全国 1% 人口抽样调查的人口数据中剔除了在教育、医疗、基建及文
娱等行业就业的流动劳动力人员。而由于在全国人口抽样调查数据中的行业
仅有两位数产业，并未细化到公共服务具体行业，为简化处理，本研究将公

共服务行业就业人员定义为服务业工作人员，并不包括施工建设工作中的一线工程类工作人员。因此，本研究将从事批发业（63）、零售业（65）、居民服务业（82）、其他服务业（83）、教育（84）及卫生行业（85）的流动劳动力剔除，其中，批发零售业涉及教育、医疗、基建及文娱的原材料供给环节，而居民服务业及其他服务业主要涉及基建和文娱行业的服务人员。根据筛选后流动劳动力个体特征的描述性统计见表 7.5，可得剩余流动劳动力人口数量为 8204 人，剔除的流动劳动力数量占样本总量的 29.7%。虽然其中仍存在流动劳动力误删、漏删现象，但也能一定程度上保证流动劳动力数据的独立性，从而消除公共服务相关行业就业的内生性影响。

表 7.5   **筛选后流动劳动力个体特征的描述性统计**

变量	观测数	平均值	标准差	最小值	最大值
年龄	8204	30.5139	10.44905	16	63
性别	8204	0.637982	0.480586	0	1
受教育年限	8204	9.607874	2.596834	0	19
婚姻状况	8204	0.402852	0.490474	0	1
流动性水平	8204	0.244515	0.429801	0	1
户口所在地	8204	0.500853	0.500002	0	1

基于表 7.6 回归分析 11，本研究分析了公共服务和薪资水平对剔除公共服务相关行业就业的剩余流动劳动力的影响。回归结果表明，教育水平、医疗服务、基础设施及文娱设施对流动劳动力的迁移均存在显著的正向影响，即优质教育水平、先进的医疗服务、完善的基础设施及多样化的文娱设施更能吸引流动劳动力，这与回归分析 1 的结果基本一致，表明公共服务仍然是吸引流动劳动力的重要因素，流动劳动力仍基于比较成本选择期望效用最大化的城市。在剔除了公共服务相关行业就业人员的扰动后，回归结果依然显著，因此目标城市的教育水平、医疗服务、基础设施及文娱设施等特征水平

对流动劳动力具有较强的吸引力度。另外，流动劳动力与薪资水平的回归系数为正，表明流动劳动力仍倾向于选择薪资待遇丰厚的城市。基于实际经验，经济性迁移是流动劳动力迁移的根本动机，不随流动劳动力个体的增加或减少而改变，具有稳定性和无差异性。

表7.6 公共服务影响劳动力迁移的稳健性检验

解释变量	回归分析11	回归分析12
教育水平	2. 263852 *** （0. 6179502）	3. 155432 *** （0. 525244）
医疗服务	0. 9075548 *** （0. 5127131）	0. 634288 *** （0. 4086226）
基础设施	5. 765465 *** （0. 4464553）	3. 683112 *** （0. 3722202）
文娱设施	1. 591482 *** （0. 2221071）	1. 248301 *** （0. 1745969）
薪资水平	0. 727449 *** （0. 6380318）	0. 0083501 *** （0. 0868178）
控制其他城市特征	YES	YES
Chi^2	25586. 81	35423. 16
Pseudo R^2	0. 608	0. 621
观测样本数	106652	162773
目标城市数量	13	13
劳动力个数	8204	12521

注：*** 代表回归结果在1%的显著性水平下显著；括号内为回归系数的标准误差项。

但与原始数据相比，剔除公共服务相关行业就业影响后城市公共服务与劳动力迁移的回归系数均有不同程度的下降。其中基础设施变量回归系数的下降较为明显，原因可能为基础设施行业的范围较广，包括交通运输、机场港口、通信、水利及城市供水供气供电等基础行业，就业人员需求量高于教育、医疗及文娱行业，因此剔除流动劳动力公共服务就业后对基础设施的回归系数有明显下降，表明来自劳动力的供给是目标城市公共服务水平吸引流动劳动力就业的重要因素。

7.4.2 其他流动动机下流动劳动力的稳健性检验

在条件 Logit 模型中分析目标城市特征变量吸引流动劳动力的回归分析中，本研究定义了流动劳动力的流动动机限制在务工经商原因，直观表现为流动劳动力为追求优质就业而选择的"工作性迁移"，导致回归结果失真，不能准确反映流动劳动力的迁移动机决策机制。基于实际经验，流动劳动力的迁移动机并不仅仅局限在就业性流动，还会综合考虑学业、家庭及社会因素等多方面的影响，在 2005 年全国 1% 人口抽样调查数据中具体表现为工作调动、分配录用、学习培训、拆迁搬家、婚姻嫁娶及随迁家属等迁移动机。流动劳动力根据备选城市的期望效用、潜在风险及二者之间的权衡，作出更效用最大化的选择。

因此，本研究在表 7.6 回归分析 12 中拓展了流动劳动力的迁移动机，将因工作调动、分配录用及学习培训等原因而开展"城际流动"的劳动力纳入总样本，使流动劳动力总量达到 12521 个，实际样本观测数为 162773 个，从而分析京津冀区域城市特征变量对流动劳动力的影响。基于回归结果，目标城市的教育水平对流动劳动力的迁移仍存在显著性影响，且相较于表 7.4，教育水平的回归系数有所增加，即流动劳动力更加倾向于流向教育水平优质的目标城市。原因可能为：首先，由于流动劳动力样本数的增加，提升了回归结果的可靠性与准确性而更贴近实际，反映了目标城市教育水平在流动劳动力中更真实的迁移决策地位；其次，部分流动劳动力由于学习培训而选择"城际流动"，教育水平优质的城市更有利于流动劳动力自身发展，并能高效率地提升流动劳动力的效用水平，从而教育水平的决策地位上升是必然结果；最后，由于全国各地的"人才争夺"热潮，目标城市"引智留才"政策更契合学习培训等迁移动机的流动劳动力。因此为了追求更好的发展前景及生活待遇，教育水平优质的目标城市更能吸引流动劳动力的迁移。

另外，医疗服务、基础设施、文娱设施及薪资水平等其他城市核心变量对流动劳动力的回归系数仍为显著的正向影响，表明扩大迁移动机范围的流动劳动力样本仍倾向于流向医疗服务先进、基础设施完善、文娱设施多样化及薪资水平丰厚的目标城市。不论是工作调整还是学习需求，目标城市的公共服务特征和薪资待遇水平都是决定个人生活质量的重要环节，是满足流动劳动力生存、安全、精神文化及自我实现等不同需求层次的必然要求。与表7.4相比，其他城市核心变量的回归系数虽有波动，但总体保持一致，表明公共服务及薪资水平是吸引流动劳动力的主要原因，回归结果具有一定的稳健性。

7.5 京津冀公共服务影响劳动力迁移的个体异质性分析

7.5.1 流动劳动力的年龄异质性

前面针对流动劳动力和目标城市特征变量的条件 Logit 回归分析是基于同质流动劳动力个体，忽略了流动劳动力的年龄、性别、婚姻状况及其他异质性特征，导致回归结果与实际情况存在一定偏差。而不同年龄段及性别、婚姻与否、文化水平及流动性水平差异化的流动劳动力对目标城市的公共服务、薪资水平、就业水平及其他城市特征存在不同的偏好，因此为提升回归结果的准确性,本研究将基于式(7.4)进行流动劳动力的个体异质性与目标城市特征变量的回归分析。其中,城市特征中本研究选取了公共服务和薪资水平两个主要特征变量,而根据表 7.1 主要分析流动劳动力的年龄、性别、婚姻、文化水平及流动性水平等特征。表 7.7 为城市特征与流动劳动力个体异质性的回归结果。

表 7.7 流动劳动力个体异质性的回归分析

解释变量	回归分析 13	解释变量	回归分析 14	解释变量	回归分析 15
教育水平	3.370814 *** (1.69348)	教育水平	2.697685 *** (0.9505563)	教育水平	1.428223 *** (0.9600805)
医疗服务	0.0261356 *** (1.31366)	医疗服务	0.0774618 *** (0.7374407)	医疗服务	0.6980529 *** (0.7222436)
基础设施	3.919151 *** (1.199549)	基础设施	3.427494 *** (0.6732356)	基础设施	2.879346 *** (0.6743654)
文娱设施	2.668988 *** (0.5621719)	文娱设施	2.230844 *** (0.3155581)	文娱设施	2.595984 *** (0.3233343)
薪资水平	0.7166143 *** (1.670698)	薪资水平	0.6359168 *** (0.9377704)	薪资水平	0.695094 *** (0.919721)
教育水平 × 年龄	0.027715 *** (0.0490504)	教育水平 × 年龄平方	−0.0002003 *** (0.0006797)	教育水平 × 性别	1.441887 (1.14657)
医疗服务 × 年龄	0.0000653 *** (0.0387988)	医疗服务 × 年龄平方	0.0040632 *** (0.0005443)	医疗服务 × 性别	1.206287 (0.8759877)
基础设施 × 年龄	0.0313962 *** (0.0349634)	基础设施 × 年龄平方	0.000454 *** (0.0004865)	基础设施 × 性别	−1.460268 *** (0.8086979)
文娱设施 × 年龄	0.0224633 *** (0.0164991)	文娱设施 × 年龄平方	−0.0002516 *** (0.0002302)	文娱设施 × 性别	−0.950552 ** (0.3846847)
薪资水平 × 年龄	0.0221841 *** (0.0490199)	薪资水平 × 年龄平方	−0.0005591 *** (0.000686)	薪资水平 × 性别	0.777073 (1.11398)

续表

解释变量	回归分析 13	解释变量	回归分析 14	解释变量	回归分析 15
控制其他城市特征	YES	控制其他城市特征	YES	控制其他城市特征	YES
Chi^2	35894.13	Chi^2	35929.74	Chi^2	35943.64
Pseudo R^2	0.5994	Pseudo R^2	0.6	Pseudo R^2	0.6002
观测样本数	151749	观测样本数	151749	观测样本数	151749
目标城市数量	13	目标城市数量	13	目标城市数量	13
劳动力个数	11673	劳动力个数	11673	劳动力个数	11673
解释变量	回归分析 16	解释变量	回归分析 17	解释变量	回归分析 18
教育水平	1.781695 *** (0.5931304)	教育水平	3.527071 *** (1.967413)	教育水平	1.163701 *** (1.396451)
医疗服务	0.0498714 *** (0.481058)	医疗服务	1.593686 *** (1.520312)	医疗服务	2.008897 *** (1.090873)
基础设施	5.308635 *** (0.4264392)	基础设施	2.724449 *** (1.392394)	基础设施	2.188542 *** (0.9904847)
文娱设施	1.626986 *** (0.2045657)	文娱设施	2.344352 *** (0.6570416)	文娱设施	2.340192 *** (0.4678154)
薪资水平	0.4902239 *** (0.6002655)	薪资水平	2.48574 *** (1.945479)	薪资水平	0.6450101 *** (1.383437)
教育水平 × 婚姻状况	− 2.839761 *** (1.284719)	教育水平 × 文化水平	− 0.223017 *** (0.2033116)	教育水平 × 流动性水平	− 0.249163 *** (0.2481614)
医疗服务 × 婚姻状况	− 0.5335771 *** (0.9180248)	医疗服务 × 文化水平	0.1879912 *** (0.1571384)	医疗服务 × 流动性水平	− 0.4106166 *** (0.1920438)
基础设施 × 婚姻状况	− 1.726551 *** (0.89515)	基础设施 × 文化水平	0.0275829 *** (0.1437347)	基础设施 × 流动性水平	− 0.2346484 *** (0.1751595)
文娱设施 × 婚姻状况	1.142681 *** (0.4026914)	文娱设施 × 文化水平	− 0.043429 *** (0.0672643)	文娱设施 × 流动性水平	− 0.0746693 *** (0.0802969)
薪资水平 × 婚姻状况	− 1.792395 *** (1.20953)	薪资水平 × 文化水平	0.2616891 *** (0.2004732)	薪资水平 × 流动性水平	− 0.1284601 *** (0.2448882)

续表

解释变量	回归分析16	解释变量	回归分析17	解释变量	回归分析18
控制其他城市特征	YES	控制其他城市特征	YES	控制其他城市特征	YES
Chi^2	35866.1	Chi^2	36282.52	Chi^2	36135.23
Pseudo R^2	0.599	Pseudo R^2	0.6059	Pseudo R^2	0.6034
观测样本数	151749	观测样本数	151749	观测样本数	151749
目标城市数量	13	目标城市数量	13	目标城市数量	13
劳动力个数	11673	劳动力个数	11673	劳动力个数	11673

解释变量	回归分析19
教育水平	0.9675034 *** (0.6419139)
医疗服务	3.930707 *** (0.6452039)
基础设施	6.048454 *** (0.4885258)
文娱设施	0.7679744 *** (0.2947209)
薪资水平	5.613595 *** (0.7498033)
教育水平×户口所在地	3.725604 *** (1.055871)
医疗服务×户口所在地	6.981815 *** (0.8679336)
基础设施×户口所在地	−2.280284 *** (0.7539797)
文娱设施×户口所在地	1.86018 *** (0.3769834)
薪资水平×户口所在地	−10.06756 *** (1.081785)

续表

解释变量	回归分析 19
控制其他城市特征	YES
Chi^2	36211.07
Pseudo R^2	0.6047
观测样本数	151749
目标城市数量	13
劳动力个数	11673

注：**、***分别代表回归结果在5%、1%的显著性水平下显著；括号内为回归系数的标准误差项。

在表 7.7 回归分析 13 和回归分析 14 中，本研究将流动劳动力的年龄变量分别与薪资水平、公共服务中的教育水平、医疗服务、基础设施及文娱设施等城市特征相乘，从而得出了流动劳动力个体异质性的回归结果。结果表明，劳动力在年轻时倾向于选择教育水平较高的目标城市流入。本研究中流动劳动力的年龄界限为 15~64 岁，平均年龄为 30.73 岁，此时年轻劳动力的子女多数处于升学季，在长期外出务工时期存在子女异地借读问题，因此教育水平越高的城市越受年轻劳动力青睐；而随着流动劳动力年龄增长逐渐不再考虑目标城市的教育水平，原因可能在于高龄劳动力的子女多数处于青年时期，一方面对于教育需求有所下降甚至为零，另一方面高龄的流动劳动力更偏向于"养老型流动"，主要考虑当地城市的生活质量，因此高龄流动劳动力对教育水平的重视程度有所下降。

在医疗服务方面，流动劳动力年龄与年龄平方的交叉变量回归系数均为正值，即不论年龄大小流动劳动力均倾向于流入医疗服务优质的城市。医疗服务是劳动力个体生存质量的直接表现，满足基本的生存需求是流动劳动力迁移不可或缺的因素。根据回归结果发现，流动劳动力在年龄较小时医疗服务的回归系数相对偏低，但随着劳动力的年龄增长，对医疗服务的需求也随之增加，更倾向于选择流入医疗服务更优质的目标城市，这与流动劳动力的阶段性目标相关。年轻劳动力选择目标城市时首先考虑薪资水平，流入城市时更多地基于当地就业水平及自身的发展前景，较少关注健康医疗状况；而随着年龄的增长和身体素质的下降，医疗服务的重要性随之升高，因此高龄流动劳动力更倾向于流入医疗服务更优质的目标城市。

在基础设施方面，流动劳动力年龄与年龄平方的交叉变量回归系数均为正值，即不论年龄大小流动劳动力均倾向于流入基础设施更完善的目标城市。完善的基础设施不仅能降低出行等生活成本，还能通过周边惠民利民设施有效提升流入劳动力的期望效用，是流动劳动力迁移的重要动机。但随着流动劳动力年龄的增长，对基础设施水平的反应也逐渐减弱。年轻劳动力多数处于事业拼搏期和事业上升期，社交活动相对较多，外出活动更为频繁，因此基建水平更有利于流动劳动力发展；而由于高龄劳动力身体素质原因或处于"养老型流动"，除工作以外的外出活动频率相对较低，且工作和居住更多考虑就近原则，因此基础设施的吸引程度有所降低。

在文娱设施方面，流动劳动力年龄交叉变量回归系数为正值，而年龄平方交叉变量回归系数为负值，表明流动劳动力年轻时更倾向于选择文娱设施更完善的目标城市流入，而随着年龄增长目标城市文娱设施特征不再具有吸引力度。流动劳动力年轻时在满足自身生存需求的前提下精神文化需求也较高，而文娱设施是目标城市精神文化水平的直观体现，因此更能吸引年轻流动劳动力的迁移；而随年龄增长，一方面流动劳动力对精神文化需求有所降低，另一方面由于不同年龄段流动劳动力之间存在思想观念隔阂，高龄劳动力不能充分融入当地城市的文娱生活，因此高龄流动劳动力不再考虑文娱设施城市特征变量。

在薪资水平方面，年龄交叉变量回归系数为正，而年龄平方项回归系数为负，表明年轻流动劳动力倾向于选择薪资待遇丰厚的目标城市，而随流动劳动力年龄增长，对薪资水平的重视程度有所下降。本研究中流动劳动力的平均年龄为 30.73 岁，多数处于事业上升期，工作升职、跳槽导致的"城际流动"较为频繁，其中驱动动机主要为薪资待遇。薪资待遇的高低往往代表着自身的发展前景及生活质量，因此年轻流动劳动力更倾向于选择薪资待遇丰厚的目标城市迁移；而随着年龄增长，一方面由于工作稳定及人脉关系网络逐渐成型，"安土重迁"思想相对成熟，对高龄劳动力迁移产生阻碍作用，另一方面高龄劳动力迁移时的比较成本较高，风险系数较大，而薪资水平不能完全弥补迁移成本，因此导致高龄流动劳动力不再考虑薪资水平城市特征。

7.5.2　流动劳动力的性别及婚姻状况异质性

在回归分析 15 和回归分析 16 中，本研究分析了流动劳动力的性别及婚姻状况异质性。其中，通过将性别分别与公共服务及薪资水平等城市特征变量相乘，得到不同性别流动劳动力的迁移因素。根据回归结果，性别与基础设施、文娱设施等因素的交叉变量回归系数为负，表明相对于男性，女性更倾向于选择流入基础设施及文娱设施更完善的城市。由于本研究流动劳动力平均年龄处于 30.73 岁，精神文化需求相对较高，社交活动及出行较为频繁，因此对当地城市的硬性指标要求较为苛刻。其中，基础设施能够反映当地城市的精神文化水平广度，基建水平越高，劳动力活动范围越广泛，持续时间越持久；文娱设施能够反映精神文化水平深度，文娱设施越完善，流动劳动力的精神文化选择更具多样性，从而能够充分满足流动劳动力的高层次需求。而与男性相比，女性的精神需求及消费欲望相对较高，促使女性流动劳动力倾向选择基础设施和文娱设施更加完善的目标城市。同时，当地城市根据劳动力的精神文化需求及消费程度，促进投资完善当地基础设施，从而形成正向耦合效应。

而性别与教育水平、医疗服务及薪资水平的交叉变量回归系数虽然为正值，但是交叉变量的回归并不显著（P 值大于 10%），表明教育水平、医疗

服务及薪资水平与流动劳动力的性别异质性无相关关系。原因一方面可能为
回归分析样本量较小，不能充分反映性别异质性的劳动力迁移影响，统计上
存在偏差；另一方面流动劳动力与教育水平、医疗服务及薪资水平等城市特
征变量无相关关系，性别差异并不影响流动劳动力的"城际流动"，即使城
市存在性别歧视现象阻碍劳动力流入，但由于本研究的分析针对先入劳动力，
回归分析结果中并不存在歧视性现象，因此劳动力性别因素相对无影响。

另外，根据流动劳动力的婚姻状况异质性回归结果，文娱设施、薪资水
平与婚姻状况的交叉变量回归系数为正，表明未婚流动劳动力更倾向于选择
文娱设施多样化、薪资水平丰厚的城市，而教育水平、医疗服务及基础设施
与婚姻状况的交叉变量为负，表明未婚劳动力对目标城市的教育、医疗、基
础设施等城市特征变量的反应较小。其中，由于本研究回归分析中流动劳动
力的平均年龄为 30.73 岁，多数劳动力已经成家且面临子女借读问题，因此
在劳动力迁移过程中当地城市的教育水平是重要的参考因素。且已婚流动劳
动力家庭观念相对成型，在迁移过程中风险意识较为强烈，目标城市的医疗
服务水平能够较好地满足自身生存需求，降低"城际流动"中的风险水平，
因而医疗服务水平较高的城市对流动劳动力的吸引力度更加强烈。已婚流动
劳动力对目标城市的生活环境要求相对较高。其中，基础设施是城市生活环
境的重要体现，一方面完善的基础设施可以有效降低生活成本，实现流动产
出最大化，另一方面完善的基建体系能够形成家庭"集聚效应"，提升城市
对已婚流动劳动力的吸引力。

而针对未婚流动劳动力，生活约束较少，精神文化等高层次需求相对较
高，在"城际流动"中不仅考虑薪资待遇水平和自身发展前景，目标城市周
边的文化娱乐生活质量也是迁移动机的重要来源，因此未婚流动劳动力更倾
向于选择文娱设施相对完善的城市。薪资水平与婚姻状况的交叉变量系数为
负，原因可能在于未婚流动劳动力的家庭负担较轻，城市迁移时以经济效益
为主，更倾向于选择薪资水平丰厚的城市；而已婚流动劳动力在迁移过程中

需要参考多方面因素，不仅要追求期望收入最大化，还要面临子女升学、伴侣工作及父母养老等实际问题，且劳动力迁移存在风险性，影响家庭生活的稳定，因此目标城市薪资水平特征对已婚劳动力的吸引程度有限。

7.5.3　流动劳动力的文化及流动性水平异质性

在表 7.7 回归分析 17 中，本研究通过将不同流动劳动力的学历水平折算成相应的教育年限，从而分析城市特征和流动劳动力文化水平异质性对流向决策的影响。基于回归结果，目标城市教育水平特征变量对文化水平低的流动劳动力吸引程度要高于文化水平高的流动劳动力。原因可能在于文化水平相对较低的流动劳动力尚处于"知识改变命运"的教育资本积累初级阶段，在"城际流动"过程中比较注重子女中小学的基础教育环境，因此倾向于选择教育水平优质的城市；而随着九年义务教育的开展及成熟，全民文化素质得到了质的提升，且本研究中的流动劳动力平均年龄处于青年期，大多数拥有本科及以上教育经历，文化水平相对较高，甚至基本达到了中小学教师的教学水平。因此高水平流动劳动力对于子女教育，一方面可以通过教学体系进行辅助教学工作，降低了其对目标城市教育水平的依赖程度；另一方面，京津冀区域城市推行"人才引进"政策，文化水平相对较高的流动劳动力通过获取户籍从而享受到与当地居民相同的教育资源，因此在劳动力迁移中较少关注目标城市的教育水平。

而文化水平与医疗服务、基础设施等城市特征的交叉变量的回归系数为正，表明流动劳动力更倾向于选择医疗服务先进、基础设施完善的目标城市。随着文化水平的提高，流动劳动力的阅历相应增加，因此更加重视目标城市的生活质量，而医疗和基建水平与流动劳动力生存和安全等基本需求直接挂钩，即医疗服务越先进及基础设施越完善，生活质量越高。另外，基础设施水平也间接反映了当地城市的经济发展水平，而高文化水平的流动劳动力工作能力更强且就业前景更广阔，"城际流动"中倾向于选择城市经济发达，就业机会充足的目标城市，因此医疗先进及基础设施完善的目标城市对高文化水平的流动劳动力更具吸引力。

另外，文化水平与文娱设施的交叉变量回归系数为负值，表明文化水平越高的劳动力对目标城市的文娱设施特征变量反应较小。原因可能在于虽然文化水平的提升增加了流动劳动力的精神文化需求，但获取渠道成本较低且形式多样化。本研究的文娱设施指标主要局限在影院数量和图书馆藏书数量，具有一定主观性，因此并不能充分反映文化水平较高的流动劳动力精神文化需求，导致文娱设施指标的吸引程度有限。而文化水平与薪资水平的交叉变量回归系数为正，表明文化水平越高的劳动力越倾向于流入薪资待遇丰厚的城市。一方面，随着学历水平的提升，流动劳动力摆脱廉价地位，从事高技术、高质量、高效率的精英工作，薪资待遇更高，而文化水平相对较低的流动劳动力多数只能从事简单重复的机械性工作，薪资待遇相对较低；另一方面，部分流动劳动力鉴于自身的高学历存在"眼高手低"思想，片面追求高薪资城市流入，导致流动劳动力的"集聚性流动"。

在表 7.7 回归分析 18 中，根据流动劳动力的外出时间区分短期流动（小于 1 年）和长期流动（大于 1 年），分析了公共服务和薪资水平对流动劳动力迁移性水平异质性的反应。流动性水平与教育水平、医疗服务、基础设施、文娱设施及薪资水平等因素的交叉变量回归系数均为负，表明长期流动的劳动力更倾向于选择教育水平优质的目标城市。短期流动的劳动力更多因异地办公或寻求经济性的短期回报，而教育水平属于长期公共产品，短期收益不明显，因此对短期流动劳动力吸引程度有限；而长期流动劳动力往往选择子女异地借读，教育因素尤为重要，且目标城市教育资源的充分程度也能侧面反映出当地发展前景，就业机会及薪资待遇也相对丰富，因此教育水平优质的城市更能吸引长期流动性劳动力。同理，由于时间跨度长，长期流动劳动力对当地城市居住环境的要求也相对较高，而医疗服务和基础设施水平是流动劳动力生存及安全等基本需求的直观体现，保障流动劳动力的健康及出行的基本需求，是迁移动机中的重要环节。而短期流动劳动力由于时间较短，在迁移过程中受到的约束相对较少，且由于经济回报的短暂性和效率性，往往限制了短期流动劳动力的生活成本，因此迁移过程中目标城市医疗服务和基础设施等特征水平的吸引程度有限。

另外，文娱设施属于精神文化的高层次需求，是在满足基本需求的前提下的自然产物。相比短期流动性劳动力，长期流动劳动力更具前瞻性，流动规划时间更长久，因此更加注重当地城市的精神文化水平。而短期流动劳动力更多注重经济性回报，精神文化需求相对较低，因此对目标城市文娱设施特征的反应较小。长期流动性劳动力更加注重目标城市薪资待遇水平，可以理解为一方面长期流动性劳动力在迁移过程要综合考虑家庭、就业及前景等多因素问题，风险系数较高。而经济基础决定上层建筑，较高的薪资水平是上述问题的基本保障，因此高回报性的目标城市更能拉动长期流动性劳动力迁入。另一方面，短期流动劳动力虽然追求短期高效的经济回报，但更多是出差工作的客观性流动，不确定性较强，对目标城市的主观选择范围较为局限。因此短期流动劳动力对目标城市薪资水平特征变量的反应并不明显。

7.5.4　流动劳动力其他个体特征异质性

在表7.7回归分析19中，本研究还分析了京津冀区域城市的公共服务、薪资水平等特征变量和流动劳动力户口所在地一致性的反应关系。基于回归结果，教育水平和户口所在地的交叉变量回归系数为正值，表明户口所在地位东部省份的流动劳动力更倾向于选择教育水平优质的目标城市。我国东部省份城市地处沿海区域，对外接触频繁且经济发展程度较高，价值观更强调教育为本理念，而中西部城市尚处于经济上升期，主要追求经济发展指标，当地的教育观念停留在概念层次而无法充分落地，因此相较于东部流动劳动力，中西部流动劳动力在"城际流动"过程中对目标城市的教育水平特征反应较小。

医疗服务与流动劳动力户口所在地的交叉变量回归系数为正,表明流动劳动力越偏向东部地区,医疗服务先进的目标城市被选择的概率越大。基于经验分析,东部沿海省份的经济发展程度普遍领先于中西部城市,流动劳动力的经济性迁移动机相对薄弱,而更倾向于城市服务性等非经济性迁移动机。中西部内陆省份的流动劳动力则主要是经济性迁移动机,追求更丰厚的薪资待遇及良好的工作前景,对其他服务性城市特征的考虑相对较少。而目标城市的医疗服务水平能够充分保障流动劳动力的安全需求,因此经济条件相对优越的东部流动劳动力更青睐医疗服务先进的目标城市。但在医疗服务和教育水平对流动劳动力户口所在地的反应中,医疗方面的异质性反应高于教育方面。原因可能由于教育机制的完善及人才的均衡性流动,东部沿海地区的教育资源与京津冀区域城市差异性相对较小,但是我国医疗资源发展不均衡,且医学人才培育机制苛刻,周期较长,进一步扩大了医疗资源的城市差异性,因此在城市选择上相对于教育资源,东部流动劳动力更加倾向于先进医疗服务水平的目标城市。

文娱设施与户口所在地的交叉变量回归系数为正,表明东部流动劳动力倾向于选择文娱设施多样化的城市。同理,东部流动劳动力的经济条件相对较好,"城际流动"中更倾向于非经济性迁移动机,而中西部流动劳动力主要是经济性迁移,对精神文化需求的反应程度相对较小。其中,文娱设施是当地城市精神文化需求的直接表征,因此文娱设施完善的目标城市更能吸引东部流动劳动力。

另外,基础设施、薪资水平和户口所在地的交叉变量回归系数为负值,表明相对于东部流动劳动力,西部流动劳动力更倾向于选择基础设施完善、薪资待遇丰厚的目标城市。由于不同区域间存在收入差距,不同地区、不同产业及不同部门间的剩余劳动力选择由低收入区域流入高收入区域。而我国东部沿海地区经济相对发达,因此劳动力迁移的基本格局为由中西部向东部地区流动。基于经济性迁移动机，中西部劳动力利用人力资本优势，流入劳动力相对短缺的东部省份而追求更高的期望产出，京津冀区域处于全国经济发展的重要战略地位，也是中西部流动劳动力的重要目标城市。而东部城市间的收入差距较小，流动劳动力进行"城际流动"时更多基于非经济性动机，因此目标城市薪资待遇水平对东部流动劳动力的吸引力度明显低于中西部流动劳动力。同理，目标城市的基础设施建设水平与当地的就业水平挂钩，基础设施越完善，相应的就业机会越多且收入更客观。在回归分析中表现为相对于东部流动劳动力，中西部流动劳动力更倾向于选择基础设施完善的目标城市，从而获取高效率的经济回报，实现期望效用最大化。

7.6　京津冀公共服务影响劳动力迁移的拓展分析

7.6.1　流动劳动力的计划生育时代性迁移

在表7.8回归分析20中，本研究分析了流动劳动力是否为独生子女的个体异质性对目标城市公共服务及薪资水平的反应。20世纪后期，由于"婴儿潮"现象我国人口实现了井喷式增长，对教育医疗服务、就业经济环境提出了严峻的考验。为有效控制人口增长速度，我国颁布了"计划生育政策"以严格控制人口数量和质量，而计划生育也成为20世纪末和21世纪初的时代特色。在本研究的公共服务影响流动劳动力迁移的条件Logit模型中，劳动力样本数据处于2005年人口抽样调查，具有计划生育时代的特殊性，因此研究流动劳动力独生子女的个体异质性特征能够有效探究计划生育思想在"城际流动"中的决策地位。

表 7.8 城市特征影响劳动力迁移的拓展分析

解释变量	回归分析 20	解释变量	回归分析 21
教育水平	2.862322 *** (0.594577)	教育水平	3.035852 *** (0.725319)
医疗服务	0.1642779 *** (0.4603687)	医疗服务	0.0217489 *** (0.5395773)
基础设施	4.718226 *** (0.4209153)	基础设施	3.862209 *** (0.5089052)
文娱设施	1.941721 *** (0.1968718)	文娱设施	2.41796 *** (0.238251)
薪资水平	0.1854881 *** (0.5875874)	薪资水平	0.4522435 *** (0.6991899)
教育水平×独生子女	−1.915102 *** (1.278042)	教育水平×收入水平	−1.265031 *** (1.056434)
医疗服务×独生子女	−0.0595958 *** (1.002248)	医疗服务×收入水平	0.5365592 *** (0.8292595)
基础设施×独生子女	1.027057 *** (0.9098862)	基础设施×收入水平	2.416325 *** (0.7510239)
文娱设施×独生子女	0.0233458 *** (0.4296771)	文娱设施×收入水平	−1.05943 *** (0.3515774)
薪资水平×独生子女	1.159449 *** (1.258293)	薪资水平×收入水平	−0.8047403 *** (1.05011)
控制其他城市特征	YES	控制其他城市特征	YES
Chi^2	35861.21	Chi2	35966.84
Pseudo R^2	0.5989	Pseudo R^2	0.6006
观测样本数	151749	观测样本数	151749
目标城市数量	13	目标城市数量	13
劳动力个数	11673	劳动力个数	11673

注: *** 代表回归结果在 1% 的显著性水平下显著;括号内为回归系数的标准误差项。

基于回归结果，目标城市的教育水平和独生子女指标的交叉变量回归系数为负值，表明属于非独生子女的流动劳动力倾向于选择教育水平较好的城市，而属于独生子女的流动劳动力则对目标城市教育水平特征变量的反应较为微弱。其中，独生子女身份的流动劳动力往往面临着养老等家庭问题以及成家立业等经济问题，父母身体状况以及养育义务、在新城市求职买房等现实因素给流动劳动力造成了巨大的心理负担。因此，流动劳动力在城市迁移过程中不确定因素较多，思想及行为阻力较大，城际流动的风险系数极高，导致独生子女型劳动力"安土重迁"思想严重，且在进行城市迁移时坚持就近原则，或是寻求短期经济回报的暂时性流动而并无长久规划，因此对目标城市的教育水平的反应极其微弱。而非独生子女型的流动劳动力可以实现风险均摊，由子女共同承担养老责任及经济问题，流动束缚较小，未来规划更为长远，从而有助于推动流动性活动。且非独生子女型流动劳动力的成长环境经济压力相对较大，教育资源缺乏平衡性和稳定性，因此对知识教育的渴求程度普遍高于独生子女型流动劳动力。而教育水平优质的目标城市不仅有利于非独生子女型流动劳动力提升教育水平，也能提供更为充足稳定的就业机会和环境，有利于制定长久的生活规划，因此教育水平对非独生子女型流动劳动力吸引程度更高。

医疗服务与独生子女指标交叉变量的回归系数为负，表明非独生子女型流动劳动力比独生子女型流动劳动力更倾向于选择医疗服务水平先进的城市。独生子女型流动劳动力在城市迁移中存在着个人、家庭及生活等多方面阻碍因素，严格制约着流动时间及流动地点，且承担着一定的"回流风险"，导致独生子女型流动劳动力更倾向于选择暂时性流动，从而在存在医疗需求时返回户口所在地，实现经济成本最小化，因此独生子女型流动劳动力对目标城市先进医疗服务反应较低。而非独生子女型流动劳动力具有更长远的未来规划，对目标城市的生存居住环境要求较高，而医疗服务更能保证流动劳动力的基本安全需求，提升个体期望效用，从而吸引非独生子女型流动劳动力。

基础设施、文娱设施与独生子女指标的交叉变量回归系数为正，表明独生子女型流动劳动力相较于非独生子女型流动劳动力更倾向于选择基础设施完善、文娱设施多样化的目标城市。原因可能是基础设施的完善程度不仅反映了当地城市的居住环境，也从侧面体现出经济发展前景及潜在就业机会；文娱设施的多样化水平能满足不同流动劳动力的精神文化需求。而独生子女型流动劳动力更注重经济性回报效率，且期望流向文娱设施完善的目标城市开阔视野，提升自身思想素质水平后返乡发展，因此目标城市文娱设施水平、与经济发展挂钩的基础设施建设水平成为迁移动机的重要组成部分。而非独生子女型流动劳动力更多是永久性迁移，更加注重目标城市的发展潜力，同时流动劳动力的增加会刺激当地城市基础设施及文娱设施的建设水平，因此非独生子女型流动劳动力对目标城市基础设施及文娱设施建设水平的反应较小，往往通过人口集聚推动当地城市完善基础设施及文娱设施体系，或者通过就业发展实现城内流动，选择基础设施及文娱设施相对完善的区域，从而提升改善居住质量。

薪资水平与独生子女指标的交叉变量回归系数为正，表明暂时性流动的独生子女型流动劳动力更倾向于选择薪资待遇丰厚的目标城市。独生子女型流动劳动力追求短期高回报型的城市迁移，更注重目标城市当下的薪资水平，目标城市的薪资增长速度及质量对劳动力影响较小。而非独生子女型流动劳动力倾向永久性流动。流动劳动力可通过职业发展规划实现薪资待遇的提升，比独生子女型流动劳动力具有更强的抗风险能力，因此目标城市薪资水平对非独生子女型流动劳动力的吸引程度相对较弱。

然而，在21世纪初随着城镇化水平的提高，大量流动劳动力涌入教育医疗水平先进、基础设施完善及薪资待遇丰厚的经济发达城市，但由于许多目标城市存在的性别歧视及户籍歧视等现象，导致流动劳动力并不能享受到目标城市当地居民的福利待遇，往往游离在城市边缘。在经历了长期的城市流动后，部分流动劳动力会基于家庭及就业考量选择返乡定居。但由于长期离开户口所在地并接触了发达城市的思想观念，流动劳动力又不甘选择在家乡发展，因此只能游离在原城市与目标城市之间夹缝生存，为社会矛盾及冲突埋下隐患，这是流动劳动力城际流动中不可忽视的问题。

7.6.2 流动劳动力工资收入边际效用递减

本研究在城市公共服务及薪资水平影响流动劳动力迁移决策的条件 Logit 回归分析中，流动劳动力基于式（7.6）选择期望效用最大化的目标城市。其中，目标城市的薪资水平是流动劳动力迁移的经济性动机，户口所在地与目标城市之间收入差距的边际效用推动了流动劳动力的迁移。因此，一方面目标城市的薪资水平特征拉动了流动劳动力的迁移，另一方面流动劳动力的个体收入水平也推动了迁移决策。

根据图 7.1（a），根据工资收入的边际递减效用，流动劳动力的收入水平越高，工资收入为流动劳动力提供的效用水平越高，印证了前面流动劳动力倾向于选择薪资待遇丰厚的城市的研究结论。而在图 7.1（b）中，根据边际效用递减理论，在其他控制条件不变的情况下，随着流动劳动力个体收入水平的增加，每增加一单位收入所带来的边际效用呈现递减的趋势。例如，流动劳动力由县级市迁入北京、上海、广州等经济中心城市后收入增加量为 A，边际效用为 u_i；而由北京迁入上海后收入增加量为 A，边际效用为 u_2，由于后者人脉、家庭、工作等无形成本相对较高，边际效用显然 $u_2 > u_1$，即前者倾向风险爱好型流动劳动力，后者倾向于风险规避型流动劳动力。因此在图 7.1（c）中，随着流动劳动力个体收入的增加，迁移意愿也逐渐下降，且收入越高，迁移意愿下降幅度越大。

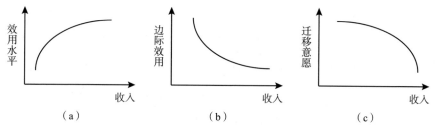

图 7.1　不同收入水平下的效用分析及迁移意愿

因此，为检验流动劳动力的个体收入在流动决策中的地位，本研究将基于前面的回归结果进行拓展分析。根据《中国统计年鉴》，2004 年中国城镇居民人均年收入为 9294 元，农村人均年收入为 2905 元。假设目标城市中流动劳动力以城镇居民人均收入为准，合计月收入为 774.5 元，因此本研究以 800 元作为收入标准，定义月收入高于 800 元为高收入，指标为 1，低于 800元为低收入，指标为 0。为简化处理，以 2005 年全国 1% 人口抽样调查数据中上一个月的收入情况为准，从而得出流动劳动力个体收入异质性的回归结果（见表 7.8）。

在回归分析 21 中，收入水平与教育水平及文娱设施等城市特征的交叉变量回归系数为负值，而与医疗服务及基础设施等城市特征的交叉变量回归系数为正，表明高收入水平的流动劳动力更倾向于选择医疗服务先进、文娱设施多样化的目标城市，原因可能为高收入水平的流动劳动力由于机会成本较高、风险承受力相对较低，因此迁移决策更多的是暂时性流动。其中，包括为寻求先进医疗服务而进行的短期异地就医以及为满足自身的精神文化需求而进行的短期流动。而高收入水平的流动劳动力对教育水平、基础设施等城市特征反应较小，原因可能为高收入水平的流动劳动力户口所在地城市的经济发展程度相对较高，因此在教育服务和基础设施建设等方面相对完善，城际之间差异较小。

而在目标城市薪资水平与个体收入水平异质性对流动劳动力迁移决策的

影响中，薪资水平与收入水平交叉变量的回归系数为负值，表明相对于高收入水平，低收入水平的流动劳动力更倾向于流向薪资待遇丰厚的目标城市。低收入水平的流动劳动力在城际流动的机会成本相对较低，风险承受能力相对较强，经济性回报的边际效用相对较大，因此薪资待遇丰厚的城市对低收入水平的流动劳动力吸引程度相对更强。而高收入水平的流动劳动力在迁移决策中要综合考虑家庭生活及工作稳定性、流动性价比等多方面风险问题，机会成本相对较大，倾向于风险规避型流动，因此高收入水平的流动劳动力对目标城市薪资水平特征的反应相对较小，而更倾向选择非经济性回报更高的目标城市，这与前面的理论分析基本一致。

7.7　本章小结

本章通过构建目标城市公共服务、薪资水平、就业水平、产业结构及固定资产投资等城市特征影响京津冀区域劳动力流入的条件 Logit 模型，检验了流动劳动力中的"用脚投票"机制，且在剔除公共服务相关行业就业影响以及加入其他流动动机后，回归结果仍然具有稳健性。另外，本章还通过设置流动劳动力年龄、性别、婚姻状况、文化水平、流动性水平等个体特征与城市特征的交叉变量，深入分析了城市公共服务影响流动劳动力迁移决策的个体异质性。并基于计划生育时代性和工资收入边际效用递减理论等方面，拓展分析了公共服务及薪资水平对流动决策的影响。

在目标城市特征影响劳动力迁移的回归分析中（见表 7.9），公共服务对劳动力迁移具有正向影响，即流动劳动力倾向于选择教育水平优质、医疗服务先进、基础设施完善及文娱设施多样化的目标城市。而在控制了目标城市其他特征变量后，公共服务对劳动力迁移仍然具有正向影响，同时薪资水平、产业结构、固定资产投资水平、城市人口规模、区域发展水平、房价及省会城市等其他城市特征变量也具有正向影响，但以失业率为表征的就业水平对劳动力迁移存在负向影响。另外，本章将各城市特征标准化处理后，分析得出相较于公共服务变量，薪资水平更能影响劳动力的流向决策，是流动劳动力的首要迁移动机。

表 7.9　　　　　　　城市特征影响劳动力迁移的基本回归结果

类型	变量		影响
城市特征影响劳动力迁移	公共服务	教育水平	正向
		医疗服务	正向
		基础设施	正向
		文娱设施	正向
	薪资水平		正向
	就业水平		负向
	产业结构		正向
	固定资产投资水平		正向
	城市人口规模		正向
	区域发展水平		正向
	房价		正向
	省会城市		正向

在剔除了目标城市公共服务相关行业就业劳动力造成的内生性影响后，公共服务对劳动力迁移仍具有显著的正向影响；并且，在纳入因工作调动、分配录用及学习培训而进行城际流动的劳动力后，公共服务对流向决策依然具有稳定的正向影响，表明公共服务正向影响劳动力迁移的回归结果具有稳健性。

在城市特征和流动劳动力个体异质性影响流向决策的回归分析中（见表 7.10），本章从流动劳动力的年龄、年龄平方、性别、婚姻状况、文化水平、流动性水平及户口所在地等个体异质性特征方面分析了城市特征对流向决策的影响。其中，流动劳动力在年龄较小时倾向于选择教育水平先进、文娱设施多样化及薪资待遇丰厚的目标城市，而随着年龄的增长，医疗服务先进、基础设施完善等城市特征具有更重要的决策地位。

表 7.10　　　　　流动劳动力个体异质性的回归分析结果

类型	变量			影响
流动劳动力个体特征异质性的回归分析	公共服务	教育水平	年龄	正向
			年龄平方	负向
			性别	—
			婚姻状况	负向
			文化水平	负向
			流动性水平	负向
			户口所在地	正向
		医疗服务	年龄	正向
			年龄平方	正向
			性别	—
			婚姻状况	负向
			文化水平	正向
			流动性水平	负向
			户口所在地	正向
		基础设施	年龄	正向
			年龄平方	正向
			性别	负向
			婚姻状况	负向
			文化水平	正向
			流动性水平	负向
			户口所在地	负向

续表

类型	变量			影响
流动劳动力个体特征异质性的回归分析	公共服务	文娱设施	年龄	正向
			年龄平方	负向
			性别	负向
			婚姻状况	正向
			文化水平	负向
			流动性水平	负向
			户口所在地	正向
		薪资水平	年龄	正向
			年龄平方	负向
			性别	——
			婚姻状况	负向
			文化水平	正向
			流动性水平	负向
			户口所在地	负向

在性别异质性方面，相对于男性，女性流动劳动力更倾向于选择基础设施完善和文娱设施多样化的目标城市，而由于显著性水平较低，流动劳动力的性别异质性并未影响教育水平、医疗服务及薪资水平等城市特征在流动决策中的作用。在婚姻状况异质性方面，已婚流动劳动力更倾向于选择教育水平优质、医疗服务先进、基础设施完善及薪资待遇丰厚的目标城市，未婚流动劳动力的精神文化需求相对较高，因此对文娱设施的反应更强。而针对文化水平的个体异质性，相较于低文化水平，高文化水平的流动劳动力更倾向于选择医疗服务先进、基础设施完善及薪资待遇丰厚的目标城市，而对教育水平及文娱设施等城市特征的反应相对较小。另外，流动性水平异质性方面，相较于短期型流动，长期型流动劳动力更倾向于选择教育水平优质、医疗服务先进、基础设施完善、文娱设施多样化及薪资待遇丰厚的目标城市。在户

口所在地异质性方面，东部流动劳动力倾向选择教育水平优质、医疗服务先进及文娱设施多样化的城市，而由于经济发展不均衡导致的收入差距，中西部流动劳动力更倾向于选择基础设施完善、薪资待遇丰厚的目标城市。

另外，本章还考虑到2005年的时代特色及流动劳动力个体收入的边际效用，其中，一方面2005年我国为有效控制人口"井喷式增长"而制定了严格的计划生育政策，导致独生子女的身份特征从个人、家庭及社会等多方面限制了劳动力的流向决策，是迁移动机中的重要影响因素；另一方面由于不同收入水平的边际效用差异，导致目标城市不同特征的流动决策地位有所差异。

因此，在城市公共服务影响劳动力迁移的拓展分析中（见表7.11），本章从流动劳动力的独生子女和收入水平等方面拓展分析了城市公共服务和薪资水平对劳动力迁移决策的影响。其中，相较于非独生子女型，独生子女型流动劳动力更倾向于选择基础设施完善、文娱设施多样化及薪资待遇丰厚的目标城市，而当地教育水平和医疗服务等城市特征反应较小。另外，相较于低收入水平，高收入水平流动劳动力更倾向于选择医疗服务先进、基础设施完善的目标城市，而教育水平、文娱设施及薪资水平等城市特征的吸引力度相对较小。

表7.11　　　　　　　　公共服务影响劳动力迁移的拓展分析

类型	变量		影响
拓展分析	独生子女	教育水平	负向
		医疗服务	负向
		基础设施	正向
		文娱设施	正向
		薪资水平	正向
	收入水平	教育水平	负向
		医疗服务	正向
		基础设施	正向
		文娱设施	负向
		薪资水平	负向

综上所述，在劳动力的流向决策中，流动劳动力不仅为了追求更充足的薪资待遇和就业机遇，城市间的公共服务差异也是城际流动的重要动机，对人口流动具有显著的推动作用。因此，缩小城市间公共服务水平差异、实现公共服务均等化，能够有效缓解人口集聚造成的拥挤效应，推动空间上劳动力的均匀分布。但是基于回归结果发现，薪资水平对于流动劳动力的吸引力度高于公共服务。因此，即使实现了公共服务均等化的理想状态，流动劳动力还是倾向于选择就业机遇及薪资待遇丰厚的发达城市。为有效应对劳动力迁移导致的城市压力，应在推动公共服务均等化的同时正视流动劳动力空间集聚的不可逆转性，继续提升城市公共服务供给水平，不断完善公共服务与其他城市特征的协调发展机制。因此，本章接下来将提出促进城市间公共服务均等化、实现流动劳动力空间均匀分布的政策建议。

第 8 章

京津冀公共服务均等化策略分析

　　通过本书第 6 章公共服务对劳动力迁移的作用机制分析，得出流动劳动力基于经济因素和非经济因素等迁移动机，"用脚投票"流入期望效用最大化的城市。而在流动劳动力的效用函数中，公共服务特征是影响迁移效用的重要因素，因此本书在第 7 章中通过构建面向城市公共服务的条件 Logit 模型，实证检验了公共服务及其他城市特征对劳动力迁移的影响。

　　基于回归结果，京津冀区域城际间的公共服务水平差异影响了劳动力的空间流动，从而导致了资源配置失效，区域发展差距扩大，社会福利降低。因此，本章中将从公共服务均等化的公平与效率机制、均等化体系构建、均等化制度设计及均等化政策选择等角度提出促进京津冀公共服务均等化的政策建议，从而满足帕累托最优条件，实现社会福利最大化。

8.1 公共服务均等化的公平与效率机制

公共服务均等化是指政府应为社会居民提供基本性、阶段性、适应性及均等性的公共产品和公共服务，通过公平和效率分配，缩小贫富差距，统筹协调发展，实现社会福利最大化。其中，公共服务均等化一方面基于帕累托改进逐渐优化效率，另一方面基于期望效用最大化逐渐实现公平（孙德超，2015）。但是，公共服务均等化并不是绝对的"公共服务平均化"，而是存在地方收入差距下的"相对均等化"。因此，本部分将从公平与效率两方面分别阐释公共服务均等化的机制理论（见图 8.1）。

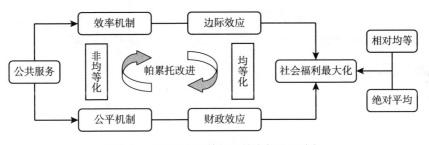

图 8.1 公共服务均等化下效率与公平路径

8.1.1 公共服务均等化的效率机制

基于庇古的福利经济学理论，经济福利的提升路径主要有两种：一是国民总收入越大，收入带来的期望效用越高，经济福利越大；二是收入越均等化，越能提升收入的综合边际效用，经济福利越大。同理，公共服务下社会福利水平也可通过加强公共服务供给和公共服务均等化等路径进行改善，但本质上都是进行帕累托改进，当改进到不可能使任何人的状况变得更好的资源分配状态后，则达到了帕累托最优的理想状态。

由于京津冀区域城际之间存在公共服务差距，劳动力选择迁移决策会形成人口过度集聚和过度流失问题，从而导致了资源分配效率及社会福利水平低下的状态。因此，公共服务均等化是优化资源分配效率、提升社会福利水平的必要环节。

假设社会上只有公共服务资源 X 和 Y，且公共服务产出仅分配给城市 A 和城市 B。因此，矩形 $OPRQ$ 即帕累托改进的埃奇沃斯盒状图（见图8.2）。O 点和 P 点分别为城市 A 和城市 B 的资源分配原点。U_i 和 $U_i'(i=1, 2, 3, \cdots)$ 分别代表城市 A 和城市 B 的效用无差异曲线，即在不同的公共服务资源 X 和 Y 组合下，城市中劳动力所获得的效用水平是相同的。$E_i(i=1, 2, 3, \cdots)$ 为不同资源分配状态下城市 A 和城市 B 效用无差异曲线的相切点，表明在当前资源分配已达到了帕累托最优状态，而在其他区域的资源分配均为非最优状态。此时，L 点和 M 点分别表示城市 A 和城市 B 的资源分配状态，即城市 A 占有 L 的公共服务资源 X 和 M 的公共服务资源 Y，城市 B 占有 $(P-L)$ 的公共服务资源 X 和 $(Q-M)$ 的公共服务资源 Y。

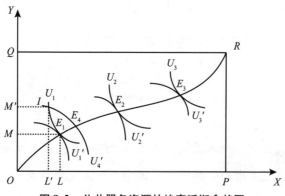

图8.2　公共服务资源的埃奇沃斯盒状图

因此，为实现最大化的社会福利水平，公共服务均等化满足约束条件式 (8.1)。

$$\max f(U) = \sum_{i=1}^{n} U_i$$

$$\text{s. t.} \begin{cases} \forall\, U_1 > 0 \\ 0 < L < P \\ 0 < M < Q \end{cases} \qquad (8.1)$$

由于效用曲线具有连续性，在公共服务资源分配的初始状态，埃奇沃斯盒状图中的任意一点都是城市 A 和城市 B 效用无差异曲线的交点。以点 I 为例，此时城市 A 和城市 B 的效用无差异曲线分别为 U_1 和 U_4'，整体社会福利水平为 $(U_1 + U_4')$。而当 I 点移动到 E_1 点后，城市 A 的无差异曲线仍为 U_1，城市 B 的无差异曲线移动到 U_1'，整体社会福利水平为 $(U_1 + U_1')$，社会福利增加了 $(U_1' - U_4')$。因此 I 点是非帕累托最优状态，仍存在帕累托改进空间。而 E_1 点位于城市 A 和城市 B 效用无差异曲线的切点处，此时不存在其他城市效用不变的条件下，通过调整公共服务资源分配，使得至少一个城市公共服务供给效用提升的资源配置状态，因此是帕累托最优状态。

而在不同的资源分配状态下，城市 A 和城市 B 的效用无差异曲线之间存在 $E_i (i = 1, 2, 3, \cdots)$ 的切点，切点的连线 OR 即为交换的契约曲线，且曲线上任意点均为帕累托最优状态，满足约束条件式 (8.2)，而曲线外的点均非最优状态。在交换的契约曲线上，每一个点都表示帕累托最优状态城市 A 和城市 B 的效用水平，因此，可以得出城市 A 和城市 B 的效用可能性曲线（见图 8.3），即在不同的资源分配状态下，当城市 A 效用水平给定时，城市 B 所能实现的最大效用水平。

$$MRS_A = \frac{MU_X}{MU_Y} = MRS_B \qquad (8.2)$$

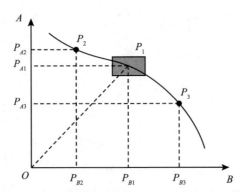

图8.3　不同城市公共服务资源的效用可能性曲线

在效用可能性曲线上，P_i（$i=1$，2，3，$\cdots$）表示不同公共服务资源分配状态下城市 A 和城市 B 的最大效用水平。在其他城市特征相等的条件下，在 P_1 点由于城市 A 和城市 B 公共服务资源相等，因此 $P_{A1}=P_{B1}$。而在 P_2 点由于城市 A 占用了更多的公共服务资源，因此 $P_{A2}>P_{B2}$。在 P_3 点由于城市 B 占用了更多的公共服务资源，因此 $P_{A3}<P_{B3}$。

由于边际效用递减规律，即在一定时间内，在其他城市特征保持不变的情况下，随着城市公共服务供给量及供给水平的不断提升，城市劳动力从公共服务资源连续增加的每一单位中所得得到的效用增量及边际效用是递减的（见图8.4），虽然城市 A 的公共服务资源相对增加，但由于（$P_{A2}-P_{A1}$）<（$P_{B1}-P_{B2}$），导致 $P_2=(P_{A2}+P_{B2})<(P_{A1}+P_{B1})=P_1$。因此，在约束条件式（8.1）下，$P_1$ 点是城市 A 和城市 B 的整体效用最大点，此时城市之间实现了公共服务均等化，资源分配效率最优化及社会福利水平最大化。但是，由于城市 A 和城市 B 的效用水平受到公共服务、就业水平及收入水平等多样化因素的影响，因此本研究中公共服务均等化并不是 P_1 点的"公共服务平均化"，而是"相对均等化"，位于 P_1 点附近的阴影范围内，此时公共服务均等化更具现实意义。

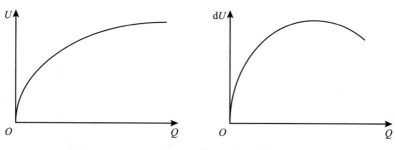

图8.4 基于公共服务资源的效用曲线和边际效用曲线

8.1.2 公共服务均等化的公平机制

公共服务均等化本质上是促进社会资源在公民之间合理分配，促进社会公平的过程。公共服务均等化的公平机制能够周期性地分为起点公平、机会公平及结果公平。其中，起点公平表示数量公平，即城市劳动力占有相对平等的公共服务资源；机会公平代表过程公平，即城市劳动力在遵守城市相关规范、法律及制度的前提下，针对同一公共服务资源享有同等的机会；结果公平代表质量公平，即城市劳动力在同等机会享有同等公共服务资源的情况下，从中获得的效用水平是相同的。因此，公共服务均等化公平是劳动力期望效用的最大化，即社会福利最大化，满足约束条件式（8.3）。

$$\max \sum_{i=1}^{n} U_i = \max f(q,\ c,\ u)$$

$$\text{s. t.} \begin{cases} q_i - q_k = 0 \\ c_i - c_k = 0 \\ u_i - u_k = 0 \\ \sum_{i=1}^{n} q_i \leqslant Q \\ \forall q, c, u > 0 \\ i, k = 1, 2, 3 \cdots \end{cases} \quad (8.3)$$

其中，社会福利水平 U 是关于公共资源数量、机会及质量的函数，$q_i(i=1,$ $2,3,\cdots)$ 代表第 i 个劳动力享有的公共服务资源数量，$c_i(i=1,2,3,\cdots)$ 代表第 i 个劳动力享有公共服务的机会，$u_i(i=1,2,3,\cdots)$ 代表第 i 个劳动力从相同的公共服务资源获取的期望效用，Q 代表城市公共服务资源的总量。

但是，城市公共服务资源的公平分配更多依靠政府的宏观调控，而在市场化引导下公共服务资源更多与经济挂钩。根据二八定律，可以得出城市公共服务资源的宏观调控和市场化引导下的资源分配状态（见图8.5）。其中，X 表示城市劳动力数量，Y 表示城市公共服务资源数量，L' 表示市场化引导下的公共服务资源分配状态，L 表示政府宏观调控下的公共服务资源分配状态。$(L-L')$ 表示公共服务均等化的改善空间，即公共服务的"基尼系数"。$(L-L')$ 越大，表明城际间及城市内公共服务资源非均等化水平越严重，$(L-L')$ 越小，表明越接近均等化水平。

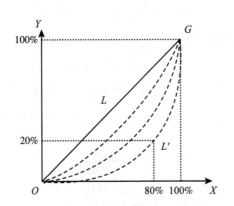

图8.5 基于公共服务资源的基尼系数曲线

根据实践经验，由于城际间公共服务资源受到就业、房价、政策及区域经济发展等方面因素的影响，80%的城市劳动力仅掌握着20%的公共服务资源，呈现显著的不均等状态。因此，L 曲线下满足约束条件式（8.3）的公共服务均等化仅是一种理想状态，而公共服务均等化下实现的"相对均等化"，即实现最小化的非均等化水平，以及最大化的社会福利。

基于公共服务资源的边际效用递减规律，随着城市劳动力占用公共服务资源的增加，从公共服务单位增加量所获得的效用增量即边际效用是递减的。因此，城市公共服务下总效用水平为 U，其中 20% 劳动力的效用水平为 U_1，80% 劳动力的效用水平为 $U_2 = U - U_1$；而公共服务均等化则将 20% 劳动力的部分公共服务资源分配给 80% 劳动力，此时 20% 劳动力的效用水平降低为 U_1'，80% 劳动力的效用水平提升到 U_2'，城市公共服务下总效用水平为 U'。由于边际效用递减规律，$(U_2' - U_2) > (U_1 - U_1')$，即 $U = (U_1 + U_2) < (U_1' + U_2') = U'$，城市总效用水平提升，提升幅度为 $(U_1' + U_2' - U_1 - U_2)$，本质上属于帕累托改进过程。

而针对部分劳动力既得利益的效应损失问题，政府可通过补偿机制实现外部性损失内生化路径，促进社会福利水平最大化。补偿机制是指政府通过财政效应实现公共服务资源的再分配调节机制。以财税政策中的累进税为例（见图 8.6），城市劳动力收入越高，工作、生活及居住环境附近的公共服务水平相对发达，城际之间的公共服务差距越大。政府通过设置"累进制"税收，即收入在 $0 \leqslant R \leqslant R_1$ 时，基于公共服务的 Y 税收税率为 0；当收入在 $R_1 \leqslant R \leqslant R_2$ 时，Y 税收税率为 T_1；当收入在 $R_2 \leqslant R \leqslant R_3$ 时，Y 税收税率为 T_2；当收入在 $R_3 \leqslant R \leqslant R_4$ 时，Y 税收税率为 T_3。

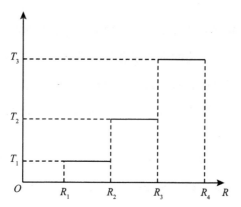

图 8.6 基于公共服务均等化的"累进制"税收

基于收入差距，低收入城市劳动力仅能享用较少的公共服务资源，纳税额度相对较低；而高收入城市劳动力享用较多的公共服务资源，但纳税额度相对较大。因此，为推动公共服务均等化、促进社会公平，政府通过财政支出及转移支付等手段间接弥补低收入城市劳动力的公共服务资源缺失，提升整体的社会福利水平。另外，在 $R_4 - R_3 = R_3 - R_2 = R_2 - R_1$ 的条件下，$T_3 - T_2 = T_2 - T_1 = T_1 - 0$，表明随着收入的增加，纳税比例也随之增加。但由于边际效用递减，收入越高及公共服务资源越多，此时边际效应越低，即 $\mathrm{d}U_{T_3-T_2} = \mathrm{d}U_{T_2-T_1} = \mathrm{d}U_{T_1}$，因此"累进制"税收在高收入劳动力效用损失相同的条件下，基于纳税额度提升低收入城市劳动力的效用缺失，并且低收入城市劳动力公共资源相对较少，此时边际效用较高，从而提升了社会整体效应水平。

基于利益再分配机制，部分劳动力的既得利益降低，而社会总体福利水平相对提高，且效用增加的部分足以弥补损失部分。基于图 8.7，在公共资源的初始分配状态，城市 L1 占用 20% 的公共服务资源，效用水平为三角形 ΔOPK；城市 L2 占用了 80% 的公共服务资源，效用水平为多边形 $HQPK$，此时整体社会福利水平为 $OPQH$。降低城市 L2 的公共服务资源至 50%，效用水平为 ΔHJR；同时提高城市 L1 的公共服务资源至 50%，效用水平为 ΔOJR，此时整体社会福利水平为 ΔORH。因此，ΔPRQ 即为政府通过公共服务资源的公平分配提升的整体社会福利水平，也印证了公共服务资源边际效用递减规律。

综上所述，公共服务均等化基于效率和公平机制实现社会整体福利水平最大化，而公共服务均等化的本质是帕累托改进，实现帕累托最优及整体社会福利水平最大化的过程。通过公共服务资源在城际间的"相对均等化"分配，一方面，基于边际效用均等化提升公共服务资源的经济效率，另一方面基于补偿机制二次分配公共服务资源，实现公共服务资源的公平分配。因此，基于上述公共服务资源效率和公平机制的理论分析，本章接下来将从京津冀公共服务均等化的体系构建、制度设计及政策选择等方面，提出推动公共服务均等化、实现社会福利最大化的政策建议。

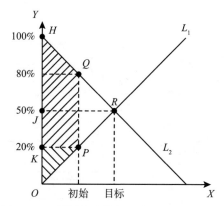

图 8.7 公共服务均等化下的"福利三角形"

8.2 京津冀公共服务均等化体系构建

通过本书第 6 章理论分析和第 7 章实证分析可知，京津冀公共服务对劳动力迁移存在正向的影响，劳动力迁移的两极化分布严重影响了京津冀城市协调发展，优质资源不断集聚，导致北京、天津和河北的劳动力在公共服务的消费上存在不公平性，而公共服务均等化过程有助于实现资源的合理配置，在京津冀区域内通过均等化疏散劳动力，实现劳动力从北京、天津等大城市向河北迁移，让公共服务需求较大的部分劳动力得到满足，京津冀城市圈社会总效用增加，实现帕累托改进，社会福利不断提高。

但是京津冀公共服务均等化体系还需要立足于公共服务基本体系，结合京津冀实际构建。根据国家公共服务体系"十二五"规划，公共服务体系贯穿出生、教育、劳动、养老四个人生阶段，涉及衣食、居住、健康、文体等各个方面，如图 8.8 所示（张薇，2019）。因此，京津冀公共服务均等化体系应以此为基础，从价值导向、服务内容、均等目标、资金保障四个方面构建均等化体系。

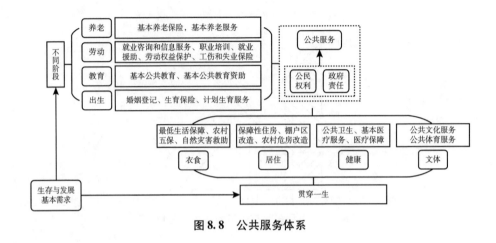

图8.8 公共服务体系

8.2.1 京津冀公共服务均等化价值导向

实现京津冀公共服务均等化，并非简单疏散北京市和天津市的部分功能，应该服务于整个京津冀城市圈的劳动力技能提升和社会发展。长久以来，河北省作为北京市和天津市资源输入的来源，其输出责任与应获得的财政转移支付不相匹配，导致其与北京市和天津市的发展差距日益扩大，优质资源不断向北京市和天津市聚拢，北京市和天津市的人口密度和高学历人才明显高于河北省。2018年北京市和天津市人口密度分别为828人/平方公里和820人/平方公里，河北省为487人/平方公里，其中北京市、天津市、河北省本科人数占比分别为23.7%、14.8%、3.7%，研究生及以上学历人数占比分别为10.1%、1.4%、0.2%，显然北京市和天津市的劳动力数量、素质远高于河北省。而影响劳动力迁移的公共服务部分也呈现极端两极化，就教育和医疗而言，北京市和天津市2018年教育支出为140亿元，河北省为112亿元，北京市和天津市的教育支出都高于河北省，教育医疗条件远优于河北省11个城市（见表8.1）。

表 8.1 2018 年京津冀教育医疗供给情况

城市	教育支出（万元）	普通高等学校（所）	普通中学（所）	普通小学（所）	普通中学专任教师（人）	普通小学专任教师（人）	医院数（个）	医院床位数（张）	执业（助理）医师数（人）
北京	9645817	92	649	984	66635	53782	656	113700	94417
天津	4352701	57	525	857	43373	43023	426	60158	41127
石家庄	1676709	49	411	1418	38289	46223	235	46036	34487
唐山	1337546	10	333	1129	30602	31211	173	33458	18690
秦皇岛	508832	13	156	419	14609	15586	71	13776	9448
邯郸	1163136	5	397	1651	44137	51784	214	35057	20836
邢台	897944	4	277	1107	26358	39784	177	26654	17533
保定	1445318	16	464	2144	46163	50065	365	44388	28300
张家口	799876	5	164	524	17602	19427	100	18554	9401
承德	663827	5	123	447	12401	18060	79	17603	9732
沧州	1220731	8	322	1314	28048	37001	154	31469	19233
廊坊	969083	13	187	798	17611	23890	153	16913	11877
衡水	561044	2	171	746	21545	19706	126	15941	11010

注：数据来源于历年《中国城市统计年鉴》。

结合京津冀人口规模、素质和公共服务供给情况，可以发现伴随着京津冀人口规模和公共服务的两极化，人口素质也呈现两极化发展。北京市和天津市人才聚拢效应明显，河北省则人才过度流失。因此，京津冀公共服务均等化应该以提高流动劳动力知识、技能和促进社会发展为导向，通过教育合作、医疗合作等形式将北京市、天津市的优质公共服务资源转移到河北省，帮助河北省完善公共服务体系，缩小其与北京市和天津市的差距，一方面可以带动高知识水平劳动力迁移至河北省，另一方面为迁入河北省的低技能劳动力提供教育和培训等资源，让迁入劳动力有机会学习技能，从而积累人力资本，提高人力资本在京津冀经济社会中的边际效益，从而促使京津冀协同发展。从价值导向上看，京津冀公共服务均等化过程应该以劳动力为核心，致力于劳动者专业知识和技术素养的提升，促进高水平劳动力在京津冀合理分布，在疏散北京市和天津市非核心功能的同时，增加河北省的公共服务和人才的"造血能力"，促进京津冀一体化帕累托改进，实现京津冀协同发展的社会福利累加效应，形成均等化公共服务建设→劳动力技能提升→人力资本边际效益增加→社会福利增加→公共服务均等化改善（见图8.9）。

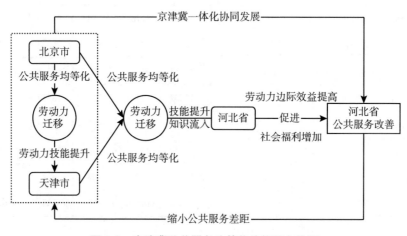

图8.9　京津冀公共服务均等化价值导向作用

8.2.2　京津冀公共服务均等化内容构成

理论和实证分析都表明公共服务和劳动力迁移之间存在千丝万缕的关系，公共服务影响劳动力迁移，劳动力分布也促进公共服务改善。但是公共服务和劳动力分布的两极化发展严重制约城市圈的协调共荣。据2018年统计数据，京津冀城市圈占地21.6万平方公里，常住人口1.1亿人，GDP 8.5万亿元，分别占全国的2.1%、8.3%和9.4%，是全国的政治中心和人才集散地。

但是根据本书第 4 章京津冀公共服务水平测度，北京市、天津市、河北省的公共服务水平分值分别在 0.8、0.4 和 0.2 左右，三地公共服务水平极度不平衡，北京市遥遥领先。京津冀公共服务不均等导致了劳动力大量流向北京市和天津市，导致这两个城市压力过大，而河北省的城市发展动力不足。根据本章前面的分析，公共服务均等化可以有效解决京津冀发展的效率和公平问题，提高京津冀一体化社会福利。在以提高劳动力技能以及促进劳动力生活水平为核心的价值导向下，京津冀公共服务均等化应该立足于"基本"，一方面实现京津冀各城市劳动力对生活的生理和安全需求，另一方面满足劳动者自我价值提升的心理需求。

（1）基本公共生理安全服务建设

公共服务均等化首先要让每个劳动力的生理安全需求得到相对无差别的满足，这就要求北京市、天津市和河北省在劳动力人生四个阶段（出生、教育、劳动和养老）、四个方面（衣食、居住、健康和文体）建立相对公平和相对无差别的公共服务体系。总的来说，要建立京津冀一体化医疗、教育、基础设施、文娱和社会保障服务体系。医疗服务应该包括京津冀基本医疗、医疗技术攻关、医疗专家坐诊以及医疗设施共建等方面的一体化，建立环京和环津的河北各城市医疗服务提升的带动机制和京津冀医保联网，一方面加大河北省医疗设施建设，提高其医疗水平，另一方面通过京津冀医疗资源融合实现跨区域就医的实现。教育服务体系建设与医疗体系类似，需要建立京津冀一体化教育文化融合，促进京津冀的教育资源互通。基础设施和文娱设施建设均等化包括缩小京津冀与衣食住行相关的交通、住房、娱乐设施的差距。社会保障均等化则是使京津冀劳动力能够享受高效公平的就业、教育和医疗。总体来说，京津冀公共服务均等化首要实现的是与生理安全相关的公共服务均等，提高劳动力生活水平，保证河北省的劳动力能够享受与北京市和天津市一样的医疗、教育、基础设施、文娱以及社会保障（田学斌、陈艺丹，2019）。

（2）基本公共心理服务建设

根据前面分析的价值导向，京津冀公共服务均等化建设不仅要实现劳动力生活水平的提升，同时需要提高劳动力技能。劳动力迁移与否决定于公共服务带来的收益是否大于成本，收益包括直接的经济收益和心理收益。就京津冀目前的情况看，多数劳动力不愿从北京市和天津市迁入至河北省，源于北京市和天津市的发展机会更多，能够提供更大的平台，让劳动者实现自我价值，而北京市和天津市采取的措施是去除低端产业，一方面通过产业迁出带动劳动者迁移，另一方面通过帮扶河北省公共服务建设缩小京津冀公共服务差距，但是这种公共服务均等化过程仅仅带动了部分低端劳动力的迁出，并不能为河北省储蓄人才，带动其综合竞争力的提升。从这个角度看，京津冀公共服务均等化过程需要充分考虑带动高端劳动力的流入，通过建立优质的培训、教育、激励体系，实现高端公共服务体系的均等化，缩小与北京市和天津市的综合竞争力差距，培养和吸引高端人才，从而实现产业带动，形成良性循环，进一步提升公共服务水平，实现京津冀一体化协调发展。

8.2.3　京津冀公共服务均等化目标定位

河北省作为北京市和天津市长期的"输血"来源，始终享受不到与北京市和天津市同等的公共服务，河北省的人才和物质输出至北京市和天津市，导致京津冀的人才梯队形成鲜明对比，北京市和天津市建立了自己强大的产业体系，北京市依靠政治中心笼络了各大企业入驻，天津市则依靠天然的地理优势，成为中国最大的港口城市之一，但是作为紧邻这两个城市的河北省，却未能得到反哺，始终处于不平等地位。

通过公共服务均等化带动劳动力迁移，从而实现知识和技术向河北省输入，带动河北省产业发展，需要重点考虑均等化的公平性，确定整个京津冀公共服务的公平性标准,保障每个劳动力都能够享受到"保底"的公共服务。因此,京津冀公共服务的均等目标是实现均等内容的相对公平性。无论通过北京市和天津市帮扶河北省的形式还是河北省自建的形式,公共服务均等化的最终目标不是损失北京市和天津市的社会福利去提高河北省社会福利,而是确保京津冀区域的整体福利增长。基于这个层面,京津冀基本公共生理和心理服务均等化目标是保障最低限度的公共服务结果。对于河北省而言,劳动力本身享有的公共服务水平低,需要基于当前的低水平公共服务制定劳动力能够接受的公共服务水平,根据制定的标准改善现有公共服务,而北京市和天津市的劳动力享受到的公共服务水平较高,在向河北省疏散功能的同时,需要基本保持目前的公共服务水平,在不影响当前公共服务水平的前提下,提高河北省劳动力享受公共服务的公平性,至少达到迁移至河北省的劳动力能够接受的最低公共服务水平,从而实现渐进式发展,最终缩小京津冀不同城市的公共服务水平。

8.2.4　京津冀公共服务均等化资金基础

公共服务建设属于民生建设,大多通过政府转移支付实现。由于政策原因,河北省未得到与之输出相匹配的财政支持回报。因此,京津冀公共服务均等化建设需要建立相对公平的均等化转移支付制度。资金基础是保障京津冀公共服务均等化实现的前提,因此需要构建"央地配合、比例公平"的资金基础。

目前北京市、天津市和河北省的财政收入差距巨大,且呈现不断增大的趋势(见表8.2)。北京市和河北省的人均财政收入差距从2010年的1.06万元扩大至2018年的2.39万元,天津市和河北省的人均财政收入差距从2010年的0.66万元扩大至2018年的1.21万元,相对于北京市和天津市而言,河北省的财政收入完全不能支撑其实现与京津均等化的公共服务,因此地方财政不足以支撑京津冀公共服务均等化建设，需要中央财政的支持。从以往政策看，中央财政对河北省的财政支持不够。为了实现京津冀公共服务均等化，从资金基础看，应该以中央财政支持为主，地方财政兼顾，构建财政政策偏向河北省的"分类别、按比例"的均等化资金保障体系。

表 8.2		2010~2018 年京津冀人均财政收入情况		单位：万元	
年份	北京市	天津市	河北省	京冀差距	津冀差距
2010	1.26	0.86	0.20	1.06	0.66
2011	1.56	1.12	0.25	1.31	0.87
2012	1.68	1.31	0.30	1.38	1.01
2013	1.82	1.48	0.33	1.49	1.16
2014	1.96	1.66	0.35	1.62	1.31
2015	2.29	1.81	0.38	1.91	1.43
2016	2.46	1.83	0.40	2.06	1.43
2017	2.63	1.55	0.45	2.17	1.10
2018	2.89	1.71	0.50	2.39	1.21

京津冀公共服务均等化体系建设需要从均等化的价值导向入手，阐明京津冀公共服务均等化价值导向是提高劳动力生活水平，促进劳动力技能提升，基于此价值导向构建京津冀公共生理服务和公共心理服务均等化内容，强调公共服务均等化的"基本"特征，保障均等化内容能够确保相对公平性，根据京津冀不同城市现有公共服务水平制定公共服务标准，从而实现区域间渐进式的改善，并指出公共服务均等化体系中资金的基础地位，阐述"央地配合、比例公平"的资金保障是实现公共服务均等化的前提，具体的公共服务均等化体系见图8.10。

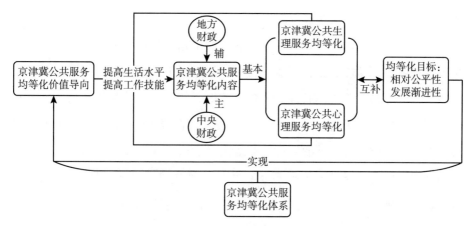

图 8.10 京津冀公共服务均等化体系

8.3 京津冀公共服务均等化政策选择

为了实现京津冀公共服务均等化建设，构建可操作的均等化体系，在京津冀共同发展的理念下，需要选择促进京津冀公共服务要素自由流动的政策，通过北京市和天津市公共服务要素流向河北省来实现对河北省公共服务改善的带动，从而缩小京津冀城市圈公共服务之间的差距，使劳动力在京津冀分布相对均衡，增加整个京津冀城市圈的社会福利。

8.3.1 建立京津冀公共服务互惠机制

京津冀公共服务均等化价值导向之一是提高劳动力生活水平，因而均等化内容要立足基本，首先实现劳动力的生理公共服务需求，重点包括医疗、教育、基础设施、文娱以及社会保障五个方面。但是河北省的公共服务水平远低于北京市和天津市，资源基础薄弱，改善公共服务需要北京市和天津市将资源向河北省倾斜。因此，需要从医学检验互认、教育资源合作、设施建设帮扶以及社保体系衔接等方面构建京津冀公共服务互惠机制。

公共服务互惠机制应该从横向和纵向两个角度构建，横向上来说，应该实现京津冀 13 个城市之间的资源互通，纵向上来说，环北京和天津周边城市应该获取资源辐射。具体而言，教育均等化应立足《京津冀教育协同发展行动计划（2018—2020 年）》，通过合作办校、教育帮扶、优质教育资源共享等形式促进北京市和天津市的教育资源流向河北省；医疗均等化需建立京津冀不同城市医院之间专家坐诊、科室协作、人员进修、共建共管、整体托管、专科联盟等机构深度合作方式，实现京津冀的医疗资源的流动；基础设施和文娱设施均等化需要继续开发雄安新区，以雄安新区为核心，修建京津冀之间的"瓶颈路"，建立公交一卡通通用制度，实现京津冀一体化交通体系；社会保障均等化应该继续立足《京冀医疗保险合作备忘录》《推动人力资源和社会保障工作协同发展合作协议》等相关文件，搭建三地之间的医保异地报销系统和就业信息共享平台，降低河北省劳动力的看病和就业成本。

总而言之，要实现京津冀医疗、教育、基础设施、文娱以及社会保障等公共服务均等化，需要建立公共服务互惠机制，明确"重点地区、优先打造"的思路，通过北京市和天津市的公共服务资源流动，带动河北省的公共服务改善。

8.3.2　推进京津冀人才弹性共享机制

京津冀公共服务均等化的另一价值导向是提高劳动者技能，劳动者技能的提升能够带动本土化经济和社会发展，进而改善公共服务，增加自身的"造血"能力，实现公共服务均等化→劳动力技能提升→社会经济发展→改善公共服务的良性循环。

因此，在京津冀一体化过程中，需要构建高层次的医疗、教育和科技人才弹性共享机制，推动三地人才在医疗和科技领域重大疑难问题的联合攻关。

第一步打破京津冀三地之间技术、人才交流的障碍，通过平台共享、课题合作攻关的形式促成三地劳动力之间的沟通交流，让北京市和天津市的高水平劳动力在河北省挂职以及授课，以此方式带动河北省劳动力素质和技能的提升；第二步将北京市和天津市的先进技术输出至河北省，带动河北省在重点领域技术的突破；第三步人才共享机制带动下的河北省能够通过自身的力量"造血"，实现经济和社会的协调发展，从而反过来推动医疗、教育等公共服务的改善。

8.3.3　构建京津冀公共服务信息平台

京津冀区域城市公共服务均等化的实现需要坚实充分的人才资源基础保障。但由于京津冀区域城际的公共服务差异，导致流动劳动力的过分集聚，进而导致公共服务水平先进的中心城市中存在人才拥挤甚至外溢现象，而公共服务水平相对落后的周边城市却存在人才严重外流现象，进一步加重公共服务的城际差距。为有效缩小京津冀区域城际公共服务差距，实现公共服务均等化，京津冀区域内部应建立统一的公共服务就业信息发布平台，促进公共服务就业劳动力资源的均匀分配，实现周边城市公共服务水平建设的弯道超车，最终实现京津冀区域城际公共服务均等化的目标。

基于图 8.11 中的京津冀一体化的公共服务信息平台，京津冀城市能够有效实现公共服务人力资源共享机制。为提升城际公共服务均等化水平，公共服务水平先进的中心城市通过人才挤出政策控制公共服务劳动力数量，实现人才外溢；而公共服务水平相对落后的周边城市通过引智政策吸引人才回流，为城市公共服务建设提供坚实人力保障；而城际间的流动劳动力通过公共服务信息平台上失业登记、岗位推荐、就业指导及政府救助等服务体系，实现城际劳动力的有序流动，从而推动京津冀公共服务均等化进程。

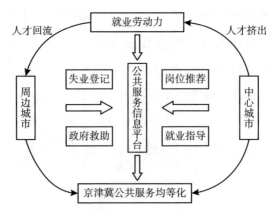

图 8.11　京津冀一体化的公共服务信息平台

城市公共服务建设本质是"木桶效应"的体现，即取决于当地公共服务资源的最大承载能力。基于图 8.12，在城市公共服务资源 R 未饱和状态下，随着城市公共服务劳动力资源 L 的增加，城市公共服务建设水平也随之提升，当前京津冀公共服务水平相对落后的周边城市尚处于该状态；而随着城市人力资源 L 的不断提升，城市的公共服务资源 R 逐渐达到饱和状态，此时城市的公共服务建设水平达到最优点，即 L_1 点；而达到城市公共服务水平最优点后，由于公共服务资源已达到饱和状态，因此单方面增加公共服务人力资源并不会引起城市公共服务水平质的提升，相反由于城市劳动力的过分集聚，增加了城市公共服务资源的承载力，导致城市公共服务水平相对下降。

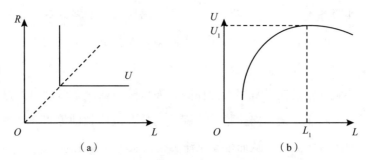

图 8.12　城市公共服务资源与建设水平之间的关系

基于京津冀区域公共服务信息平台的人才流动，在缓解中心城市公共服务压力过大的同时，也能促进提升周边城市公共服务建设水平，有效分配公共服务人力资源，促进公共服务均等化进程。因此，京津冀区域城际之间应制定阶段性、动态性的公共服务劳动力资源的引流政策，通过政府的宏观调节来提升周边城市吸引力度，引导城市劳动力资源由中心城市向周边城市扩散。并且，周边城市应充分利用中心城市的教育、医疗、基础设施及文娱设施等方面的人才优势，积极开展北京—石家庄、北京—保定、北京—承德、北京—天津—廊坊等多方面、多角度、深层次的人力资源"产学研"合作项目，加速推进中心城市向周边城市的人才输送工作。另外，依托"中央—地方"的科层管理体制，应制定基于城市公共服务水平的政绩考核指标，将城市公共服务建设工作作为区域发展的重点任务与难点任务，形成京津冀区域公共服务均等化的激励机制。最后，京津冀城际间定期开展区域性人才交流工作，充分发挥人力资源对公共服务建设及区域经济的辐射带动效应，为周边城市提供强有力的公共服务人力、资源及政策支持，从而稳步推进京津冀公共服务均等化进程。

8.4 京津冀公共服务均等化制度保障

8.4.1 公共服务均等化的财政保障制度

京津冀公共服务均等化进程的本质是城市公共服务均等化的财政支出，其中转移支付是公共服务财政支出的重要保障。它本质上属于收入的再分配机制，属于政府的财政支出。在本研究中，京津冀公共服务的转移支付是指为实现京津冀区域城际间公共服务均等化目标，基于地方政府转移支付方式增加公共服务支出，从而提升当地公共服务水平，缩小城际间公平服务差距，实现社会福利最大化（见图8.13）。

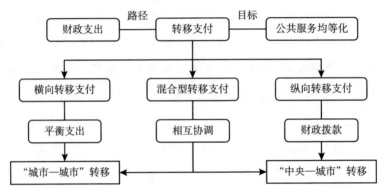

图8.13　京津冀公共服务均等化转移支付形式

转移支付分为横向转移支付、纵向转移支付和混合型转移支付。其中，横向转移支付是指同一级地方政府之间的转移支付，即相对高收入地方政府转移部分财政收入至相对低收入的城市；纵向转移支付则是中央政府基于不同城市的区域经济发展水平及公共服务支出建设情况，按比例对城市的教育、医疗、基础设施及文娱设施等方面进行财政拨款的转移支付机制；而混合型转移支付是横向转移支付和纵向转移支付相互协调，实现公共服务支出的财政平衡，从而推动公共服务均等化建设。

在京津冀区域中应推行混合型转移支付制度形式，以纵向转移支付为主，以横向转移支付为辅，通过中央政府的财政拨款和地方政府的平衡支出推动京津冀公共服务均等化进程。"中央—城市"及"城市—城市"的公共服务均等化转移支付制度应坚持公开性、内部性及公平性原则。公开性是指公共服务均等化下横向转移支付和纵向转移支付过程中的主体、依据、手段及结果应向社会公开，接受群众的监督，保持过程透明性；内部性是指公共服务转移支付仅发生在上下级及同级政府的财政流动，流向固定即由高收入流入低收入城市，从而实现公共服务均等化目标；公平性是指公共服务转移支付是为有效调节城际间的区域经济发展差距，使居民能够享受到公平均等的公共服务，避免劳动力的过分集聚（见图8.14）。

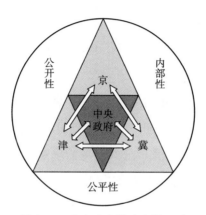

图8.14 中央政府转移支付原则

京津冀区域内城市公共服务转移支付模式应根据当地政府标准的财政收入能力、实际的公共服务财政支出及已有的公共服务设施水平等因素共同决定，具有区域统一性，见式（8.4）。

$$B = \alpha \times \beta \times (G - \gamma \times R) \tag{8.4}$$

其中，B 表示某城市发生的转移支付额度，当 B 为正数时表示公共服务建设水平溢出，即需要为公共服务水平相对较低的城市进行转移支付，而当 B 为负数时表明公共服务建设水平不足，需要接受中央政府及同级政府的转移支付；G 表示实际的公共服务财政支出，即计算周期内城市为提升公共服务水平而发生的实际支出；R 表示政府标准的财政收入能力，即计算周期内基于经济税收计算的收入水平，代表标准公共服务的财政支出基础；α 表示根据京津冀城市的消费者物价指数测算的物价系数，β 表示基于当地已有公共服务设施水平测算的调整系数，γ 表示当地城市公共服务建设支出在财政收入的占比水平。

基于城市的财政收入能力和财政支出需求，并通过 α 及 β 系数相对抵消物价的外生性及公共服务建设的滞后性影响，测算出城市公共服务支出需求和财政能力之间的缺口，根据差额进行横向及纵向的财政转移支付活动，从而保障在固定比例 γ 下提供均等化的公共服务建设水平，降低公共服务非均等化引起的劳动力迁移扭曲现象。

在城市公共服务转移支付模式中，应满足条件约束式（8.5）。

$$B = f(S, \ L, \ G, \ \alpha, \ \beta, \ \gamma) \tag{8.5}$$

其中，S 表示京津冀城市的土地面积；L 表示城市的人口规模；G 表示城市的生产总值。即城市土地面积越大，基础设施建设支出越大，开发建设范围越广阔；城市人口规模越大，公共服务需求越旺盛；城市生产总值越大，政府财政承受能力越强，公共服务支出能力越高。

基于京津冀区域城市信息的描述性统计（见表8.3和图8.15）及本书前面章节中京津冀城市公共服务水平排名，承德市的土地面积和城市人口规模最大，生产总值处于中游，而公共服务建设水平相对落后；北京市的土地面积和人口规模相对较低，生产总值最高，而公共服务建设水平最高，表明京津冀区域城际公共服务不均等现象严重。因此，在京津冀区域城市公共服务的横向转移支付和纵向转移支付模式中，应根据土地面积、人口规模及生产总值测度政府公共服务支出需求及转移支付额度，从而保障公共服务落后城市的公共服务需求，促进公共服务均等化进程。

表8.3   **京津冀区域城市信息**

城市	土地面积（平方公里）	年末总人口（万人）	城市生产总值（亿元）
北京	1641	1163	4283
天津	1192	933	2932
石家庄	1585	918	1634
唐山	1347	710	1626

续表

城市	土地面积（平方公里）	年末总人口（万人）	城市生产总值（亿元）
秦皇岛	752	276	453
邯郸	1206	863	937
邢台	1249	672	636
保定	2058	1088	1111
张家口	3687	450	400
承德	3955	362	301
沧州	1405	679	774
廊坊	643	390	605
衡水	882	414	474

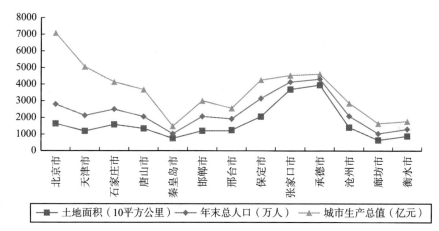

图 8.15　京津冀区域城市信息

但是，为防止转移支付制度对高收入城市（北京市）的挫败性及低收入城市的依赖性（秦皇岛市），京津冀应实行有条件配套性的转移支付制度。其中，条件性是指中央政府向地方政府进行财政转移的同时，指定资金专项用途和使用要求，配合国家要求并接受监督和检查；配套性是指地方政府在接受公共服务拨款时，必须自主筹集一定比例的配套资金，且公共服务建设水平越高，配套资金比例越高。基于图8.16，有条件配套性转移支付制度通过收入效应和替代效应等路径提升公共服务水平。其中，收入效应是指地方政府的公共服务建设资金增加，加大城市教育、医疗、基础设施及文娱设施等方面的发展力度；替代效应是指由于额外的公共服务转移支付，降低了当地城市公共服务的建设成本，从而在其他条件不变的情况下，当地政府依然会增加公共服务建设支出。但由于公共服务水平会抑制转移支付的拨款比例，因此京津冀城市标准化的公共服务水平会抑制城市公共服务的建设支出，保障了转移支付制度的区域公平和经济效率。

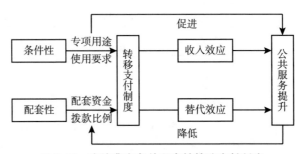

图 8.16　京津冀有条件配套性转移支付制度

8.4.2　公共服务均等化的法律保障制度

基于《"十三五"推进公共服务均等化规划》的指导方向，京津冀区域城市公共服务均等化建设应遵循国家公共服务制度框架，形成完善法律保障制度，从而有效公正地推动城市公共服务均等化建设进程。其中，法律保障制度要紧扣以人为本，围绕城市的基本教育、就业创业、社会保险、医疗卫生、社会服务、住房保障、文化体育及残疾人公共服务等领域的服务清单，依托于城市公共服务建设的重点任务和保障措施，以统筹协调、人才建设、财力保障、多元供给及监督评估等机制作为实施支撑，并辅以法律保障，从而推动城际公共服务均等化建设。

　　京津冀区域城市公共服务均等化建设需要法律的强制力保障，结合完善的法律规范体系，有效推动公共服务均等化建设的公平和效率统一。在《关于加快推进公共法律服务体系建设的意见》指导下，强化司法部门的牵头引导作用，协调京津冀区域城际公共服务的规划编制、政策衔接、标准制定、服务运行、财政保障等方面的整体推进，实现京津冀区域内公共服务资源的互联互通，缓解城市流动劳动力过分集聚压力（见图 8.17）。

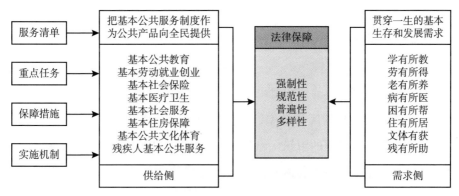

图 8.17　京津冀公共服务均等化法律保障体系

　　因此，针对京津冀区域公共服务均等化建设，中央政府应制定《"京津冀经济圈"公共服务均等化建设专项规划》，从明确责任主体、完善保障机制及强化监督制约等方面推动城市公共服务均等化建设的公平与效率。其中，公共服务均等化建设的主要责任主体为以中央政府带领下的京津冀区域地级市人民政府，它们是城市公共服务的主要提供者，承担着公共服务均等化建设的管理责任、供给责任以及协调责任，具有整合城市公共服务资源，推动城市公共服务均等化建设的根本义务；完善保障机制是指基于法律政策的强制性、规范性、普遍性及规范性，根据京津冀城市的土地面积、人口规模及生产总值等具体特征制定阶段性、动态性的公共服务均等化制度，同时以京津冀专项规划等法律政策的强制力为依托，贯彻落实京津冀区域公共服务均等化制度的执行工作，为京津冀区域城市公共服务的"横向＋纵向"混合型转移支付制度及公共服务资源区域性流动提供法律保障；强化监督制约是指基于公共服务均等化建设的一体化进程，在规划到执行的全生命周期内实行动态监测机制，坚持目标导向、问题导向及结果导向等基本原则，完善监督评估机制，对京津冀区域城市公共服务均等化建设的专项资金规定明确的用途，并实时监督城市公共服务建设投入去向，实现京津冀公共服务均等化的清单化、指标化及透明化建设。

8.4.3　公共服务均等化的市场保障制度

公共服务均等化容易形成对中央政府及地级政府财政转移支付的依赖性，降低公共服务均等化的经济效率，从而影响公共服务建设的积极性。因此，应建立公共服务均等化的市场保障制度，采用有形手段和无形手段保障城市公共服务均等化经济效率的最大化（见图8.18）。

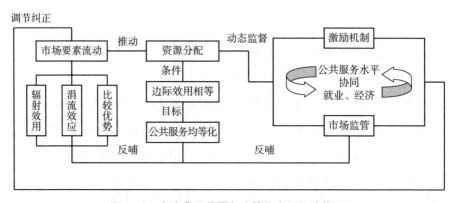

图 8.18　京津冀公共服务均等化市场保障体系

公共服务本质上属于商品，具有劳动产品和交换的基本属性。而公共服务均等化本质为公共服务资源的均等分配，前提需要公共服务资源的自由流动。因此，公平开放的市场制度是实现公共服务均等化的重要手段。教育、医疗等公共资源，以及基础设施和文娱设施等公共产品，都需要市场制度的资源流动保障。有效的市场化制度能够提供公平的交易环境，减少信息不对称现象，保证供需两侧更准确地提供和获取公共服务。

在京津冀区域内，公共服务均等化建设需要城际和城内稳定的公共服务资源市场流动，根据比较优势选择效用最大化的市场。基于边际效用递减规律，公共服务资源越充足的城市每增加一个单位公共服务资源，所增加的单位效用及边际效用就越小，因此在北京市等公共服务高度发达甚至拥挤的城市中，多余的公共服务资源会持续溢出，流入公共服务水平相对欠缺的津冀城市，从而促进京津冀区域市场资源的合理分配，发挥中心城市公共服务的辐射效应和涓流效应，实现京津冀区域城市公共服务均等化建设。

基于市场制度下要素的自由流动机制，当中心城市公共服务建设的边际效应减少至周边城市公共服务的边际效应水平后，公共服务才能实现理论上的均等化。但是，由于公共服务建设周期长，投资回报率较低，且城市已有公共服务水平能带动就业及推动经济发展，甚至享有经济发展的战略地位，导致市场制度要素自然流动条件下难以实现城市公共服务边际效用相等的苛刻条件，因此需要有形手段调节纠正市场力量，引导推动实现京津冀区域城市的公共服务均等化进程。

而建立完善有效的市场监督机制是协调市场"无形的手"的必要环节。在京津冀区域城市公共服务均等化建设进程中，市场监管要充分体现政策优先性。在京津冀区域公共服务均等化的政策框架下保障市场要素的自由流动，一方面，市场监管要保障公共服务资源均等化落到实处，发挥周边城市公共服务建设的就业经济拉动作用，从而形成公共服务与城市经济协同发展的良性循环，实现公共服务资源流动的经济效率最大化。另一方面，市场监管要体现公共服务均等化的激励机制，避免挫败城市公共服务建设的积极性，被动等待中心城市的公共服务资源外溢，同时配合实时反馈尽可能寻求城市公共服务均等化的最优效率，充分尊重公共服务市场制度的主体地位，保障公共服务资源的合理流动。

8.5 本章小结

本章从公共服务均等化的公平与效率机制、均等化体系构建、均等化制度设计及均等化政策选择四个方面提出促进京津冀公共服务均等化的政策建议，从而满足帕累托最优条件，实现社会福利最大化。

首先，建立公共服务均等化的公平与效率机制。公共服务均等化基于效率和公平机制实现社会整体福利水平最大化，而公共服务均等化的本质是帕累托改进，实现帕累托最优及整体社会福利水平最大化的过程。通过公共服务资源在城际间的"相对均等化"分配，一方面，基于边际效用均等化提升公共服务资源的经济效率，另一方面基于补偿机制二次分配公共服务资源，实现公共服务资源的公平分配。

其次，完善京津冀公共服务均等化体系建设。需要从均等化的价值导向入手，阐明京津冀公共服务均等化价值导向是提高劳动力生活水平，促进劳动力技能提升，基于此价值导向构建京津冀生理公共服务和心理公共服务均等化内容，强调公共服务均等化的"基本"特征，保障均等化内容能够确保相对公平性，根据京津冀不同城市现有公共服务水平制定公共服务标准，从而实现区域间渐进式的改善，并指出公共服务均等化体系中资金的基础地位，阐述"央地配合、比例公平"的资金保障是实现公共服务均等化的前提。

再次，完善京津冀公共服务均等化政策选择。第一，建立京津冀公共服务互惠机制，从医学检验互认、教育资源合作、设施建设帮扶以及社保体系衔接等方面构建京津冀公共服务互惠机制，明确"重点地区、优先打造"的思路，通过北京市和天津市的公共服务资源流动，带动河北省的公共服务改善。第二，推进京津冀人才弹性共享机制，构建高层次的医疗、教育和科技人才弹性共享机制，推动三地人才在医疗和科技领域重大疑难问题的联合攻关。第三，构建京津冀公共服务信息平台，京津冀区域内部应建立统一的公共服务就业信息发布平台，促进公共服务就业劳动力资源的均匀分配，实现周边城市公共服务水平建设的弯道超车，最终实现京津冀区域城际公共服务均等化的目标。

最后，完善京津冀公共服务均等化制度保障。第一，完善公共服务均等化的财政保障制度，在京津冀区域中应推行混合型转移支付制度形式，以纵向转移支付为主，以横向转移支付为辅，根据土地面积、人口规模及生产总值测度政府公共服务支出需求及转移支付额度，通过中央政府的财政拨款和地方政府的平衡支出保障公共服务落后城市的公共服务需求，推动京津冀公共服务均等化进程。第二，完善公共服务均等化的法律保障制度，应遵循国家公共服务制度框架，制定"京津冀经济圈"公共服务均等化建设专项规划，从明确责任主体，完善保障机制及强化监督制约等方面推动城市公共服务均等化建设的公平与效率。第三，完善公共服务均等化的市场保障制度，在京津冀区域公共服务均等化的政策框架下保障市场要素的自由流动，一方面，市场监管要保障公共服务资源均等化落到实处，发挥周边城市公共服务建设的就业经济拉动作用，从而形成公共服务与城市经济协同发展的良性循环，实现公共服务资源流动的经济效率最大化。另一方面，市场监管要体现公共服务均等化的激励机制，避免挫败城市公共服务建设的积极性而被动等待中心城市的公共服务资源外溢，同时配合实时反馈尽可能寻求城市公共服务均等化的最优效率，保证城市公共服务均等化下的最低效率，充分尊重公共服务市场制度的主体地位，保障公共服务资源的合理流动。

第 9 章

总结与展望

本书以《"十三五"推进公共服务均等化规划》《京津冀协同发展规划纲要》以及首都人口疏解等战略规划为背景，在评价京津冀三地公共服务状况的基础上，构建劳动力迁移收益模型，研究公共服务对劳动力迁移的作用机制，进而研究京津冀公共服务均等化的对策。

首先，本书的主要理论成果如下：（1）从2001~2018年，京津冀总体公共服务水平变化不大，但是区域间的差异较大，且不断变化，河北省在教育服务、文化服务、卫生服务、信息化服务水平四个软环境方面远远落后于北京市和天津市，河北省的优势在于硬件设施方面，如基础设施服务水平和生态环境服务水平。同时，京津冀总体公共服务水平差异程度有所下降，但下降幅度不大。这些差异主要是由北京市、天津市、河北省三地的组间差异贡献的，当然随着京津冀一体化进程的加快，三地的组间差异有所下降，河北省内部差异的贡献率上升。（2）根据公共服务对劳动力迁移的作用机制，劳动力因为公共服务需求而进行的迁移源于公共服务的非均等化。城市间公共服务差异最终导致劳动力分布的两极化，此时大城市由于人口压力过大会通过政策手段疏散劳动力，小城市由于发展动力不足会通过改善公共服务，缩小与大城市公共服务差距，从而吸引劳动力。（3）在目标城市特征影响劳动力迁移的回归分析中，公共服务对劳动力迁移具有正向影响，即流动劳动力倾向于选择教育水平优质、医疗服务先进、基础设施完善及文娱设施多样化的目标城市。而在控制了目标城市其他特征变量后，公共服务对劳动力迁移仍然具有正向影响，同时薪资水平、产业结构、固定资产投资水平、城市人口规模、区域发展水平、房价及省会城市等其他城市特征变量也具有正向影响，但以失业率为表征的就业水平对劳动力迁移存在负向影响。（4）从公共服务均等化的公平与效率、京津冀公共服务均等化体系构建、京津冀公共服务均等化制度设计及京津冀公共服务均等化政策选择四个方面提出促进京津冀公共服务均等化的政策建议，从而满足帕累托最优条件，实现社会福利最大化。

其次，本书的量化模型贡献如下：（1）构建了京津冀公共服务水平的测量指标体系，选取了教育服务、文化服务、卫生服务、社会保障服务、基础设施服务、生态环境服务、信息化服务 7 个二级指标，33 个三级指标，收集了 2001～2018 年《中国城市统计年鉴》《中国劳动统计年鉴》《中国民政统计年鉴》的数据，先利用熵权法 TOPSIS 计算得到 2001～2018 年京津冀 13 个城市公共服务水平综合得分，以及 7 个二级指标的得分，再运用 Theil 指数对京津冀公共服务水平的变化进行了深入分析。（2）探究了公共服务对劳动力迁移的作用机制，通过对公共服务的劳动者消费偏好分析，以及劳动力迁移的公共服务需求和供给变化曲线的分析，解释了公共服务和劳动力迁移的耦合过程，即公共服务的不均等供给导致了劳动力的迁移，劳动力迁移带动的

13 个城市的人口变动由公共服务消费效用→迁移收益成本比较→迁移决定→城市人口变动→公共服务需求变化→公共服务供给变化形成闭环。（3）构建了目标城市公共服务、薪资水平、就业水平、产业结构及固定资产投资等城市特征影响京津冀区域劳动力流入的条件 Logit 模型，检验了劳动力迁移中的"用脚投票"机制，且在剔除公共服务相关行业就业影响以及加入其他流动动机后，回归结果仍然具有稳健性。另外，本书还通过设置流动劳动力年龄、性别、婚姻状况、文化水平、流动性水平等个体特征与城市特征的交叉变量，深入分析了城市公共服务影响流动劳动力迁移决策的个体异质性。并基于计划生育时代性和工资收入边际效用递减理论等方面，拓展分析了公共服务及薪资水平对流动决策的影响。

最后，本书的主要创新体现在：（1）选题的创新。目前关于公共服务均等化的研究很丰富，但基于劳动力迁移视角进行京津冀公共服务均等化研究较少，本书在选题上具有一定创新性。（2）研究内容的创新。研究了公共服务对劳动力空间集聚的影响机理，验证了"用脚投票"机制在京津冀地区的适用性，弥补了以往单纯从就业、收入等视角研究京津冀劳动力迁移的不足。厘清公共服务和劳动力迁移之间的相互作用，测算不同公共服务内容对劳动力迁移的影响程度，从而有针对性地提出公共服务均等化方向。（3）研究方法的创新。将公共服务直接纳入劳动力迁移效用函数，利用条件 Logit 模型分析京津冀三地城市特征对劳动力迁移的影响，有效解决了以往依靠加总数据来研究城市特征对劳动力迁移影响的不足。

综上所述，本书既具备相关理论的前沿性，又对公共服务均等化政策的指导具有现实性。希望本书的研究结论能够对今后有关公共服务均等化的研究有所贡献。

参 考 文 献

[1] 安体富，任强. 中国公共服务均等化水平指标体系的构建——基于地区差别视角的量化分析 [J]. 财贸经济，2008 (6)：79 – 82.

[2] 陈昌盛，蔡跃洲. 中国政府公共服务：基本价值取向与综合绩效评估 [J]. 财政研究，2007 (6)：20 – 24.

[3] 陈昌盛，蔡跃洲. 中国政府公共服务：体制变迁与地区综合评估 [M]. 中国社会科学出版社，2007.

[4] 陈丰. 流动人口社会管理与公共服务一体化研究 [J]. 人口与经济，2012 (6)：59 – 64.

[5] 陈国宏，肖细凤，李美娟. 区域技术创新能力评价指标识别研究 [J]. 中国科技论坛，2008 (11)：67 – 71.

[6] 陈振明，李德国. 基本公共服务的均等化与有效供给——基于福建省的思考 [J]. 中国行政管理，2011 (1)：47 – 52.

[7] 董亚宁，杨开忠，顾芸. 人口区位选择研究回顾与展望：基于新空间经济学视角 [J]. 西北人口，2019，40 (6)：1 – 11.

[8] 杜旻. 我国流动人口的变化趋势、社会融合及其管理体制创新 [J]. 改革，2013 (8)：147 – 156.

[9] 段成荣，袁艳，郭静. 我国流动人口的最新状况 [J]. 西北人口，2013，34 (6)：1 – 7 + 12.

[10] 范柏乃，傅衍，卞晓龙. 基本公共服务均等化测度及空间格局分析——

以浙江省为例 [J]. 华东经济管理, 2015, 29 (1): 141 - 147 + 174.

[11] 伏润民, 常斌, 缪小林. 我国地区间公共事业发展成本差异评价研究 [J]. 经济研究, 2010, 45 (4): 81 - 92.

[12] 高文书. 进城农民工就业状况及收入影响因素分析——以北京、石家庄、沈阳、无锡和东莞为例 [J]. 中国农村经济, 2006 (1): 28 - 34 + 80.

[13] 高雪莲. 京津冀公共服务一体化下的财政均衡分配 [J]. 经济社会体制比较, 2015 (5): 58 - 65.

[14] 龚锋. 地方公共安全服务供给效率评估——基于四阶段 DEA 和 Boot-strapped DEA 的实证研究 [J]. 管理世界, 2008 (4): 80 - 90.

[15] 龚金保. 公共服务均等化的国际经验 [J]. 经济研究参考, 2009 (34): 8 - 11.

[16] 官永彬. 我国区际基本公共服务差距评价指标体系构建及其实证分析 [J]. 经济体制改革, 2011 (5): 13 - 17.

[17] 郭小聪, 代凯. 国内近五年基本公共服务均等化研究: 综述与评估 [J]. 中国人民大学学报, 2013, 27 (1): 145 - 154.

[18] 韩增林, 李彬, 张坤领. 中国城乡基本公共服务均等化及其空间格局分析 [J]. 地理研究, 2015, 34 (11): 2035 - 2048.

[19] 和立道. 医疗卫生基本公共服务的城乡差距及均等化路径 [J]. 财经科学, 2011 (12): 114 - 120.

[20] 黄乾, 周兴. 城镇职工与农村进城务工人员收入差距的变迁及其影响因素 [J]. 人口研究, 2015, 39 (1): 29 - 49.

[21] 贾婷月. 基本公共服务支出与城镇化地区差距——基于劳动力流动的视角 [J]. 上海经济, 2018 (1): 42 - 55.

[22] 贾晓俊, 岳希明, 王怡璞. 分类拨款、地方政府支出与基本公共服务均等化——兼谈我国转移支付制度改革 [J]. 财贸经济, 2015 (4):

5－16＋133.

［23］姜晓萍，邓寒竹．中国公共服务30年的制度变迁与发展趋势［J］．四川大学学报（哲学社会科学版），2009（1）：29－35.

［24］孔凡河，赵宏伟．澳大利亚基本公共服务均等化的实践探索与启示［J］．上海党史与党建，2014（9）：57－59.

［25］雷晓康，曲婧．基础教育公共服务均等化问题研究——以陕北几县为例［J］．西北大学学报（哲学社会科学版），2011，41（1）：20－25.

［26］李斌，李拓，朱业．公共服务均等化、民生财政支出与城市化——基于中国286个城市面板数据的动态空间计量检验［J］．中国软科学，2015（6）：79－90.

［27］李春．嬗变与重构：新中国成立以来公共服务模式转型分析［J］．四川行政学院学报，2010（1）：24－27.

［28］李稻葵．我和"低端人口"：三段故事，三点思考［J］．新财富，2017（12）：86－88.

［29］李凡．转移支付、财力均衡与基本公共服务均等化［D］．山东大学，2013.

［30］李杰刚，李志勇．新中国基本公共服务供给：演化阶段及未来走向［J］．财政研究，2012（1）：13－16.

［31］李拓，李斌．我国跨地区人口流动的影响因素——基于286个城市面板数据的空间计量检验［J］．中国人口科学，2015（2）：73－83.

［32］李万慧．被误读的澳大利亚财政转移支付制度［J］．地方财政研究，2012（7）：77－80.

［33］李文军，唐兴霖．地方政府公共服务均等化研究——来自中国省级面板数据的分析［J］．中州学刊，2012（4）：38－43.

［34］李晓嘉，刘鹏．财政支出视角下的基础教育服务均等化研究［J］．财经科学，2009（11）：110－116.

[35] 李晓霞. 融合与发展：流动人口基本公共服务均等化的思考 [J]. 华东理工大学学报（社会科学版），2014，29（2）：110－116.

[36] 李雪萍，刘志昌. 基本公共服务均等化的区域对比与城乡比较——以社会保障为例 [J]. 华中师范大学学报（人文社会科学版），2008（3）：18－25.

[37] 李志勇，宋艳波，楚昕. 财政推进京津冀基本公共服务均等化研究 [J]. 经济研究参考，2018（69）：17－22.

[38] 梁朋，康珂. 基本公共教育均等化：基于财政预算投入的测量与评价 [J]. 中共中央党校学报，2013，17（6）：64－68.

[39] 梁若冰，汤韵. 地方公共品供给中的 Tiebout 模型：基于中国城市房价的经验研究 [J]. 世界经济，2008（10）：71－83.

[40] 廖文剑. 西方发达国家基本公共服务均等化路径选择的经验与启示 [J]. 中国行政管理，2011（3）：97－100.

[41] 林闻钢，王增文. 区域性基本公共服务均等化评估研究——以江苏省为例 [J]. 城市发展研究，2013，20（3）：23－26＋30.

[42] 林阳衍，张欣然，刘晔. 基本公共服务均等化：指标体系、综合评价与现状分析——基于我国 198 个地级市的实证研究 [J]. 福建论坛（人文社会科学版），2014（6）：184－192.

[43] 凌茹，刘家望. 公共管理伦理视角下的基本公共服务体系构建 [J]. 求索，2013（3）：110－112.

[44] 刘成奎，王朝才. 城乡基本公共服务均等化指标体系研究 [J]. 财政研究，2011（8）：25－29.

[45] 刘德吉. 国内外公共服务均等化问题研究综述 [J]. 上海行政学院学报，2009，10（6）：100－108.

[46] 刘德吉. 基本公共服务均等化：基础、制度安排及政策选择视角 [D]. 上海社会科学院，2010.

[47] 刘尚希. 实现基本公共服务均等化的政策路径和方案选择 [J]. 经济研究参考, 2007 (60): 12.

[48] 刘生龙, 胡鞍钢. 交通基础设施与经济增长: 中国区域差距的视角 [J]. 中国工业经济, 2010 (4): 14 – 23.

[49] 刘生龙. 中国跨省人口迁移的影响因素分析 [J]. 数量经济技术经济研究, 2014, 31 (4): 83 – 98.

[50] 楼继伟. 完善转移支付制度推进基本公共服务均等化 [J]. 中国财政, 2006 (3): 6 – 8.

[51] 卢同庆. 义务教育公共服务均等化问题研究 [D]. 华中师范大学, 2017.

[52] 卢小君, 张新宇. 我国中小城市基本公共服务水平的区域差异研究 [J]. 大连理工大学学报 (社会科学版), 2017, 38 (1): 139 – 143.

[53] 卢小君, 张新宇. 中小城市基本公共服务水平区域均等化的动态分析 [J]. 地域研究与开发, 2017, 36 (8): 43 – 48.

[54] 鲁继通. 京津冀基本公共服务均等化: 症结障碍与对策措施 [J]. 地方财政研究, 2015 (9): 70 – 75.

[55] 吕炜, 刘国辉. 中国教育均等化若干影响因素研究 [J]. 数量经济技术经济研究, 2010, 27 (5): 20 – 33.

[56] 吕炜, 赵佳佳. 我国财政分权对基本公共服务供给的体制性约束研究 [J]. 财政研究, 2009 (10): 11 – 14.

[57] 马慧强, 韩增林, 江海旭. 我国基本公共服务空间差异格局与质量特征分析 [J]. 经济地理, 2011, 31 (2): 212 – 217.

[58] 马慧强, 王清, 弓志刚. 京津冀基本公共服务均等化水平测度及时空格局演变 [J]. 干旱区资源与环境, 2016, 30 (11): 64 – 69.

[59] 南锐, 王新民, 李会欣. 区域基本公共服务均等化水平的评价 [J]. 财经科学, 2010 (12): 58 – 64.

[60] 欧向军，甄峰，秦永东，朱灵子，吴泓. 区域城市化水平综合测度及其理想动力分析——以江苏省为例 [J]. 地理研究，2008（5）：993 - 1002.

[61] 戚学祥. 省域基本公共服务均等化指标体系建构及其运用——基于四川省的实证研究 [J]. 经济体制改革，2015（2）：58 - 63.

[62] 塞缪尔·亨廷顿. 第三波：20 世纪后期民主化浪潮 [M]. 刘军宁，译. 上海：三联书店，1998.

[63] 邵燕斐，郑若萍，陈晓敏. 地方政府基本公共服务均等化测度及空间差异研究——基于广东省 21 个地市的数据 [J]. 石家庄铁道大学学报（社会科学版），2016，10（3）：19 - 25 + 45.

[64] 石智雷，杨云彦. 家庭禀赋、家庭决策与农村迁移劳动力回流 [J]. 社会学研究，2012，27（3）：157 - 181 + 245.

[65] 宋文昌. 财政分权、财政支出结构与公共服务不均等的实证分析 [J]. 财政研究，2009（3）：56 - 60.

[66] 隋心. 发达国家基本公共服务均等化路径探究 [J]. 宏观经济管理，2015（6）：89 - 92.

[67] 孙德超，贺晶晶. 基本公共服务均等化的国际经验及借鉴 [J]. 河南师范大学学报（哲学社会科学版），2012，39（6）：82 - 85.

[68] 孙德超. 公共服务均等化的经济思想变迁与反思 [J]. 社会科学，2015（6）：53 - 63.

[69] 唐销莉. 河南省区域基本公共服务均等化水平测度 [J]. 统计与决策，2016（7）：58 - 61.

[70] 田学斌，陈艺丹. 京津冀基本公共服务均等化的特征分异和趋势 [J]. 经济与管理，2019（6）：7 - 15.

[71] 王丽，王晓洁. 京津冀协同背景下公共医疗卫生支出绩效差异实证分析 [J]. 中央财经大学学报，2015（4）：3 - 10.

［72］王宁. 劳动力迁移动机的三个理论视角及其整合［J］. 广西民族大学学报（哲学社会科学版），2016，38（1）：36－44.

［73］王冉，盛来运. 中国城市农民工社会保障影响因素实证分析［J］. 中国农村经济，2008（9）：26－34.

［74］王新民，南锐. 基本公共服务均等化水平评价体系构建及应用——基于我国31个省域的实证研究［J］. 软科学，2011，25（7）：21－26.

［75］王莹. 公共服务均等化：基于制度设计要素的思考［J］. 财贸经济，2009（2）：30－34.

［76］王泽彩. 财政均富：实现公共服务均等化的理论探索［J］. 财政研究，2007（1）：25－28.

［77］魏福成，胡洪曙. 我国基本公共服务均等化：评价指标与实证研究［J］. 中南财经政法大学学报，2015（5）：26－36.

［78］文魁. 京津冀发展报告：承载力测度与对策［M］. 北京：社会科学文献出版社，2013.

［79］翁列恩，胡税根. 发达国家公共服务均等化政策及其对我国的启示［J］. 甘肃行政学院学报，2009（2）：23－29.

［80］翁士洪. 改革开放40年中国公共服务供给的制度变迁［J］. 云南大学学报（社会科学版），2019，18（3）：102－109.

［81］吴昊，陈娟. 基本公共服务均等化的实现路径新探［J］. 云南社会科学，2017（2）：64－69.

［82］吴伟平，刘乃全. 异质性公共支出对劳动力迁移的门槛效应：理论模型与经验分析［J］. 财贸经济，2016（3）：28－44.

［83］夏怡然，陆铭. 城市间的"孟母三迁"——公共服务影响劳动力流向的经验研究［J］. 管理世界，2015（10）：78－90.

［84］项继权，袁方成. 我国基本公共服务均等化的财政投入与需求分析［J］. 公共行政评论，2008（3）：89－123＋199.

[85] 肖育才，谢芬．转移支付对县级财政均等化效应分析——以四川省为例 [J]．农村经济，2015 (7)：66 - 70.

[86] 辛方坤．财政分权、财政能力与地方政府公共服务供给 [J]．宏观经济研究，2014 (4)：67 - 77.

[87] 邢春冰．农民工与城镇职工的收入差距 [J]．管理世界，2008 (5)：55 - 64.

[88] 晏荣．美国、瑞典基本公共服务制度比较研究 [D]．中共中央党校，2012.

[89] 杨刚强，孟霞，孙元元，等．家庭决策、公共服务差异与劳动力转移 [J]．宏观经济研究，2016 (6)：105 - 117.

[90] 杨胜利，段世江，柴方园．京津冀城市群公共服务资源综合评价与分析——基于京津冀协同发展的视角 [J]．人口与社会，2019，35 (2)：70 - 81.

[91] 姚继军．中国教育平等状况的演变——基于教育基尼系数的估算 (1949 - 2006) [J]．教育科学，2009，25 (1)：14 - 17.

[92] 元文礼．国外基本公共服务均等化的实践经验及启示 [J]．中国集体经济，2012 (22)：195 - 196.

[93] 袁丹，欧向军，唐兆琪．东部沿海人口城镇化与公共服务协调发展的空间特征及影响因素 [J]．经济地理，2017，37 (3)：32 - 39.

[94] 翟羽佳．河南省2011年基本公共服务均等化水平测度与分析 [J]．地域研究与开发，2013，32 (5)：57 - 61.

[95] 张光．转移支付与地区公共服务均等化——对中日的比较研究 [J]．复旦公共行政评论，2014 (1)：3 - 17.

[96] 张海峰，林细细，梁若冰，等．城市生态文明建设与新一代劳动力流动——劳动力资源竞争的新视角 [J]．中国工业经济，2019 (4)：81 - 97.

[97] 张丽，吕康银，王文静．地方财政支出对中国省际人口迁移影响的实证研究 [J]．税务与经济，2011（4）：13－19．

[98] 张薇．我国基本公共服务均等化的发展历程和建设策略 [J]．哈尔滨工业大学学报（社会科学版），2019，21（6）：123－129．

[99] 张贤明，高光辉．公正、共享与尊严：基本公共服务均等化的价值定位 [J]．吉林大学社会科学学报，2012，52（4）：5－12＋159．

[100] 张欣然，刘晔．基本公共服务均等化研究综述 [J]．经济研究参考，2012（52）：79－88．

[101] 张延吉．论古典二元经济理论的适用性：基于正规－非正规部门的视角 [J]．经济问题探索，2014（6）：31－37．

[102] 张占斌．李克强总理城镇化思路解析 [J]．人民论坛，2013（19）：28－31．

[103] 张兆鹏．均等化转移支付制度的国际借鉴——以澳大利亚维多利亚州为例 [J]．地方财政研究，2011（9）：76－80．

[104] 张忠利，刘春兰．发达国家基本公共服务均等化实践及其启示 [J]．中共天津市委党校学报，2013，15（2）：72－76．

[105] 赵弘．北京大城市病治理与京津冀协同发展 [J]．经济与管理，2014，28（3）：5－9．

[106] 赵建国，海龙．我国新农保财政补贴筹资责任分担机制研究——基于公共服务横向均等化的视角 [J]．宏观经济研究，2014（7）：10－20＋57．

[107] 赵伟，马瑞永．中国区域金融增长的差异——基于泰尔指数的测度 [J]．经济地理，2006（1）：11－15．

[108] 赵秀池．北京市优质公共资源配置与人口疏解研究 [J]．人口研究，2011，35（4）：76－85．

[109] 郑浩生，叶子荣，查建平．中央对地方财政转移支付影响因素研究——

基于中国县级数据的实证检验 ［J］. 公共管理学报, 2014, 11 (1):
18 - 26 + 138.

［110］ 钟茂初, 潘丽青. 京津冀生态 - 经济合作机制与环京津贫困带问题研
究 ［J］. 林业经济, 2007 (10): 44 - 47.

［111］ 周琛影. 公共服务均等化的财政转移支付效应评估——以上海为例
［J］. 经济体制改革, 2013 (4): 43 - 47.

［112］ 周飞舟. 分税制十年: 制度及其影响 ［J］. 中国社会科学, 2006
(6): 100 - 115 + 205.

［113］ 周明海. 民生政治视域下的基本公共服务均等化: 功能与对策 ［J］.
中共天津市委党校学报, 2009, 11 (2): 44 - 49.

［114］ Bagne D. Principles of demography ［J］. Journal of the Royal Statistical So-
ciety, 1969, 19 (4): 410 - 423.

［115］ Bayoh I, Irwin E G, Haab T. Determinants of residential location choice:
How important are local public goods in attracting homeowners to central city
locations? ［J］. Journal of Regional Science, 2006, 46 (1): 97 - 120.

［116］ Blochliger H, Charbit C. Fiscal equalisation ［J］. Economic Studies, 2008
(1): 1 - 22.

［117］ Bourguignon F. Decomposable income inequality measures ［J］. Economet-
rica, 1979, 47 (4): 901 - 920.

［118］ Buchanan J. Federalism and fiscal equity ［J］. American Economic Review,
1950, 40 (4): 583 - 600.

［119］ Clark C. Urban population densities ［J］. Journal of Royal Statistics Society,
1951, 114 (4): 490 - 496.

［120］ Coase R H. The Problem of Social Cost ［J］. Journal of Law and Economics,
1960 (3): 1 - 44.

［121］ Cowell F A. On the structure of additive inequality measures ［J］. The Review of Economic Studies, 1980, 47 (3): 521 –531.

[122] Culyer A J, Wagstaff A. Equity and equality in health and health care [J]. Journal of Health Economics, 1993, 12 (4): 431 –457.

[123] Dahlberg M, Eklöf M, Fredriksson P, et al. Estimating preferences for local public services using migration data [J]. Urban Studies, 2009, 49 (2): 319 –336.

[124] Day K. Interprovincial migration and local public goods [J]. The Canadian Journal of Economics, 1992, 25 (1): 123 –144.

[125] Downs A. An economic theory of democracy [M]. New York: Harper & Row, 1957.

[126] Fullerton R D J. A note on local tax rates, public benefit levels, and property values [J]. Journal of Political Economy, 1977, 85 (2): 433 –440.

[127] Gyourko J, Tracy J. The importance of local fiscal conditions in analyzing local labor markets [J]. Journal of Political Economy, 1989, 97 (5): 1208 –1231.

[128] Harris J R, Todaro M P. Migration, unemployment and development: A two-sector analysis [J]. The American Economic Review, 1970, 60 (1): 126 –142.

[129] Hofman B, Gurra C. Privatization and public-private partnerships [M]. London: Seven Bridges Press, 2005: 12 –16.

[130] Hood C. A public management for all seasons? [J]. Public Administration, 1991, 69 (1): 3 –19.

[131] Karemera D, Victor I O, Bobby D. A gravity model analysis of international migration to North America [J]. Applied Economics, 2000, 32 (13): 1745 –1755.

[132] Khemani S. The political economy of equalization transfers [M]. Berlin:

Springer, 2007: 463 – 484.

[133] Lall S V, Timmins C, Yu S, et al. Connecting lagging and leading regions: The role of labor mobility [J]. Brookings-Wharton Papers on Urban Affairs, 2009 (9): 151 – 174.

[134] Lee E. A theory of migration [J]. Demography, 1966 (1): 47 – 57.

[135] Levitt T. The Third sector: New tactics for a responsive society [M]. New York: Amacom, 1973.

[136] Lewis W. Economic development with unlimited supplies of labor [J]. Manchester School, 1954, 229 (3): 139 – 191.

[137] Mclure C. The taxation of natural resource and the future of the Russian Federation [J]. Environment & Planning C: Government & Policy, 1994, 12 (3): 309 – 318.

[138] Mochida N. Fiscal decentralization and local public finance in Japan [M]. London: Routledge, 2008.

[139] Mochida N. Taxes and transfers in Japan's local public finances [M]. Washington: World Bank Institute, 2001.

[140] Munshi K. Networks in the modern economy: Mexican migrants in the U. S. labor market [J]. Quarterly Journal of Economics, 2003, 118 (2): 549 – 599.

[141] National Bureau of Economic Research, Kotlikoff L J, Raffelhueschen B. How regional differences in taxes and public goods distort life cycle location choices [R]. Cambridge: National Bureau of Economic Research, 1991.

[142] Nechyba T J, Strauss R P. Community choice and local public services: A discrete choice approach [J]. Regional Science & Urban Economics, 1998, 28 (1): 51 – 73.

[143] Oates W. Searching for leviathan: An empirical study [J]. American Economic Review, 1985, 75 (4): 748 – 757.

[144] Ostrom V, Tieboutand C, Warren R. The organization of government in metropolitan areas: A theoretical inquiry [J]. American Political Science Review, 1961, 55 (4): 831 – 842.

[145] Petty W. Political arithmetic [M]. London: Robert Clavel and Henry Mortlock, 1960.

[146] Piore M J. The shifting grounds for immigration [J]. The Annals of the American Academy of Political and Social Science, 1986, 485 (1): 23 – 33.

[147] Porell F. Intermetropolitan migration and quality of life [J]. Journal of Regional Science, 1982, 22 (2): 137 – 158.

[148] Quigley J. Consumer choice of dwelling, neighborhood and public services [J]. Regional Science & Urban Economics, 2006, 15 (1): 41 – 63.

[149] Ranis G, Fei J C H. A theory of economic development [J]. American Economic Review, 1961, 51 (4): 533 – 565.

[150] Rapaport C. Housing demand and community choice: An empirical analysis [J]. Journal of Urban Economics, 1997, 42 (2): 243 – 260.

[151] Rawls J. A theory of justice [M]. Cambridge: Harvard University Press, 2009: 20 – 25.

[152] Sana M, Hu C Y. Is international migration a substitute for social security? [J] Well-being and Social Policy, 2007, 2 (2): 12 – 20.

[153] Savas E. On equity in providing public services [J]. Management Science, 1978, 24 (8): 800 – 808.

[154] Sharp E. Citizen demand-making in the urban context [M]. Birmingham: University of Alabama Press, 1986: 23 – 26.

［155］ Shorrocks A F. The class of additively decomposable inequality measures ［J］. Econometrica, 1980, 48 (3): 613 – 625.

［156］ Siaastad L. The costs and returns of human migration ［J］. The Journal of Political Economy, 1962, 70 (5): 80 – 93.

［157］ Spilimbergo A. Labor market integration, unemployment, and transfers ［J］. Review of International Economics, 1999, 7 (4): 641 – 650.

［158］ Standing G. Migration and modes of exploitation: The social origins of im-mobility and mobility ［J］. Journal of Peasant Studies, 1981, 8 (2), 173 – 211.

［159］ Stark O. Research on rural-to-urban migration in LDCs: The confusion fron-tier and why we should pause to re-think afresh ［J］. World Development, 1982, 10 (1): 63 – 70.

［160］ Stein E H. Fiscal descentralization and government size in Latin America ［J］. Journal of Applied Economics, 1989, 62 (1): 63 – 69.

［161］ Stein E. Fiscal decentralization and government size in Latin America ［C］. Paris: The Eighth IDBOECD International Forum on Latin American Per-spectives, 1997.

［162］ Theil H. Economics and informtation theory ［M］. Amsterdam: North Hol-land Publishing Company, 1967.

［163］ Tiebout C. A pure theory of local expenditures ［J］. Journal of Political Economy, 1956, 64 (5): 416 – 424.

［164］ Todaro M. A model of labor migration and urban unemployment in less devel-oped countries ［J］. American Economic Review, 1969, 59 (1): 138 – 148.

［165］ Tsui K. Local tax system, intergovernmental transfers and China's local fis-cal disparities ［J］. Journal of Comparative Economics, 2005, 33 (1): 173 – 196.

后　记

　　时光荏苒，在北京大学度过的美好校园生活，是我最难忘的回忆。博士生涯虽漫长，但并非枯燥乏味，有志同道合的师友，有"一塔湖图"的美景，还有"兼容并包、思想自由"的精神，让我沉浸其中。学无止境，路漫漫其修远兮，吾将上下而求索。

　　感谢我的导师白彦教授。本书的选题、设计、行文、修改等环节都得到老师的专业指导，理论和实践价值得到升华。受教于白老师的敦促点化，我的学术之旅虽艰苦却充实，"修身者智之府也，爱施者仁之端也，取予者义之符也，耻辱者勇之决也，立名者行之极也。士有此五者，然后可以托于世，列于君子之林矣。"谆谆教诲，铭记于心，学生必怀揣信念，砥砺前行。

　　感谢我的父母及公婆。你们的负重前行，成就了我在而立之年仍可心无旁骛地钻研学术。养育之恩，无以为报，唯愿幸福安康，福寿延绵。

　　感谢我的爱人林圃生。每当遇挫之时，都有先生的鼓励与陪伴，温暖了那些撰写论文的深夜。前路漫漫，感谢有你同行。

塔　娜

2020 年 6 月